投资大师
——列传1——
价值投资与成长策略

勤格格◎著

中国水利水电出版社
www.waterpub.com.cn
·北京·

内容提要

《投资大师列传 1：价值投资与成长策略》是一部深入甄选和剖析金融领域杰出投资家的著作。本书有助于读者拨开金融历史的云烟，通过分析顶级投资家的成功案例和制胜之道，总结他们成功的共性经验，从中汲取实用的投资智慧与谋略。

本书适合各类金融从业者、投资者及对金融投资感兴趣的读者。无论是初入金融领域的新人，还是经验丰富的投资者，都可以从中获得宝贵的投资智慧和策略。此外，对于那些对经济学、哲学等领域感兴趣的读者，本书也是一本很好的跨学科读物，能够让他们在阅读中获得多维度的启发和思考。总之，本书是一本具有广泛受众群体的金融投资之作，值得积累智慧与成长的读者细细品读。

图书在版编目（CIP）数据

投资大师列传 . 1，价值投资与成长策略 / 勤格格著.
北京：中国水利水电出版社 , 2025. 9. -- ISBN 978-7
-5226-3600-9
Ⅰ. F830.59
中国国家版本馆 CIP 数据核字第 2025Y78M02 号

选题策划：陈正侠

书　　名	投资大师列传1：价值投资与成长策略 TOUZI DASHI LIEZHUAN 1: JIAZHI TOUZI YU CHENGZHANG CELÜE
作　　者	勤格格 著
出版发行	中国水利水电出版社 （北京市海淀区玉渊潭南路 1 号 D 座　100038） 网址：www.waterpub.com.cn E-mail：zhiboshangshu@163.com 电话：（010）62572966-2205/2266/2201（营销中心）
经　　售	北京科水图书销售有限公司 电话：（010）68545874、63202643 全国各地新华书店和相关出版物销售网点
排　　版	北京智博尚书文化传媒有限公司
印　　刷	河北文福旺印刷有限公司
规　　格	170mm×240mm　16 开本　16.75 印张　181 千字
版　　次	2025 年 9 月第 1 版　2025 年 9 月第 1 次印刷
印　　数	0001—3000 册
定　　价	69.80 元

凡购买我社图书，如有缺页、倒页、脱页的，本社营销中心负责调换
版权所有·侵权必究

Preface 序言

金融世界的百家争鸣

在金融投资的壮阔画卷中,牛熊交替、循环不息的规律,始终如一地展现着历史的深邃与智慧。

公元前 800 年至公元前 200 年,社会发展虽然尚处于奴隶社会和封建社会,但此时是人类文明史上的轴心时代,迎来了人类思想历史最活跃的时期。大思想家、哲学家辈出,形成了百家争鸣的气象,他们的思想成为后世思想的发展基础,作为人格的一部分至今仍深深地影响着人们的行为方式和生活方式。

物换星移,大约在 16 世纪到 17 世纪,随着欧洲的文艺复兴、宗教改革和地理大发现,资本主义的萌芽开始在欧洲出现,这种资本主义的经济制度此后逐渐在全球范围内传播和发展,成为现代社会的经济形态。

21世纪，金融资本不仅在经济上占据了主导地位，还在政治、文化和社会等各个领域都产生了深远的影响。回顾金融的千年历史，我们可以看到它在不同文明和时代中扮演了重要角色。金融的发展促进了城市中心的扩张，为文明的繁荣提供了动力。在中国，金融的兴衰与古代王朝的更迭息息相关；而在欧洲，金融的扩张推动了对外贸易的发展，成为塑造世界贸易版图的关键力量。

金融资本的流动无论多么纷繁复杂，总会有一个汇聚的核心地带。而正是这个金融资本集聚最为密集的地方，往往成了世界经济格局中最为关键且最具变革动力的核心，犹如资本市场中的领航龙头股，引领着全球经济的脉动。

由于世界经济发展在全球范围内的不平衡，各个国家的经济发展必然有先后，这就是全球区域范围内经济的板块轮动。两次世界大战的主战场之一在欧洲，致使欧洲的一些老牌资本主义国家受到严重的战争创伤，并且不得不大量举债重建家园。大西洋彼岸的美国自然成了最大的债主，这也促使美元成了世界性货币，而该"世界货币"超过其经济增长被疯狂加印流向全球，让世界各国来承担风险，造就了美国经济的繁荣。毫无疑问，美国成了全球经济的领航者，给许多杰出的金融投资家提供了成长的沃土，换句话说，叫黄金时期（天时、地利、人和）。

在波谲云诡的世界经济浪潮中，伟大的金融投资家的涌现，除了与其所在国家社会经济的发展、政策环境的支持、教育水平的提高等因素密切相关外，也与他们自身的见解、操作原则、习惯和人格特质息息相关。从近代的罗斯柴尔德，到20世纪的洛克菲勒，以及现在被"封神"的巴菲特来看，他们都是见识非凡的特立独行者，是思想开明的实用主义者，他们勇于反思和质疑并挑战传统的观念，成就了这个经济时代的"百家争鸣"。

有这么一种说法，假如你当年选择了巴菲特，那便如同搭上了通往财富之巅的火箭。巴菲特无与伦比的投资才华，恰好与美国第二次世界大战后平稳且高速的发展时期相得益彰。他未曾经历过如第一次世界大战、第二次世界大战或经济大萧条那样对金融市场造成剧烈冲击的历史事件，尽管在其投资生涯中也遇到过一些阶段性的金融危机，但这些危机都不具有毁灭性。巴菲特之所以能够取得如此辉煌的成就，离不开他个人的卓越才能，但同时也与社会的发展紧密相联。

股市历来不乏拥有短暂辉煌的成功者与风云人物。每当牛市热潮涌动时，众多自封的股神、赢家便如雨后春笋般涌现，伴随着一夜暴富的传奇故事遍地开花。然而，这些荣光与名声往往如过眼云烟，转瞬即逝。试问，时至今日，还有多少人能忆起数年前那些股市上的风云翘楚？正因如此，时间成了甄别真正成功者的试金石。唯有那些历经岁月洗礼，依旧稳健屹立的投资者，方能被誉为行业的佼佼者。

本书是"金融家投资智慧"系列丛书中三个系列之一——"价值投资与成长策略"。书中提及的投资大师包括本杰明·格雷厄姆、菲利普·A.费雪、谢尔比·库洛姆·戴维斯、沃伦·巴菲特、查理·芒格、约翰·聂夫、彼得·林奇、安东尼·波顿、段永平等。卓越的投资大师都是实践哲学家，他们博洽多闻，在人类历史、经济史、哲学、体育和其他学科中穿梭并汲取社会经济发展中的金融投资经验，发现并总结经济发展规律，致力于通过"世俗智慧"解决现实问题。

在漫长的时间长河中，能够经受住重重考验的成功投资者寥寥无几。他们凭借深厚的投资智慧、稳健的策略，以及对市场的深刻洞察，得以在波谲云诡的股市中屹立不倒。这些真正的成功者成为后来者仰慕与学习的典范，他们的名字和事迹将被历史铭记。

Contents 目录

第一章　价值投资鼻祖 ··· 001
　　——本杰明·格雷厄姆（Benjamin Graham，1894—1976 年）
- 第一节　出生启航与青春岁月成长史 ································· 003
- 第二节　投资征途的幽谷与高峰 ····································· 006
- 第三节　《证券分析》与《聪明的投资者》 ···························· 015
- 第四节　本杰明·格雷厄姆价值投资理论的三大基石 ···················· 019
- 第五节　本杰明·格雷厄姆的经典语录与相关著作 ······················ 023

第二章　成长股价值投资策略之父 ································· 025
　　——菲利普·A. 费雪（Philip A. Fisher，1907—2004 年）
- 第一节　"一个崭新的世界在我眼前徐徐展开" ························· 027
- 第二节　"25 年来最严重的大空头市场将展开" ························ 029
- 第三节　《怎样选择成长股》的哲学起源 ······························ 036
- 第四节　《怎样选择成长股》的投资之术 ······························ 040
- 第五节　与菲利普·A. 费雪的对话 ··································· 053
- 第六节　菲利普·A. 费雪的经典语录与相关著作 ······················· 058

第三章　戴维斯家族的投资家 ·················· **061**

——谢尔比·库洛姆·戴维斯（Shelby Cullom Davis，1909—1994 年）

第一节　45 年资产增长 1.8 万倍的戴维斯家族 ··············· 064
第二节　戴维斯双击（双杀） ····························· 079
第三节　"72 法则" ····································· 082
第四节　祖孙三代的 10 项基本投资原则 ····················· 082
第五节　戴维斯家族的相关著作 ··························· 089

第四章　无与伦比的真正投资家 ················ **091**

——沃伦·巴菲特（Warren Buffett，1930 年—）

第一节　从小极具投资意识 ······························· 093
第二节　投资之路正式启航 ······························· 100
第三节　传奇金融商业帝国 ······························· 107
第四节　沃伦·巴菲特的投资哲学 ························· 121
第五节　沃伦·巴菲特的经典语录与相关著作 ··············· 125

第五章　投资界的智慧化身 ···················· **133**

——查理·芒格（Charlie Munger，1924—2023 年）

第一节　智者芒格的一生 ································· 135
第二节　改变巴菲特的男人 ······························· 143
第三节　人生大赢家 ····································· 148
第四节　美版儒家君子查理·芒格 ························· 150
第五节　查理·芒格的人生感悟 ··························· 154
第六节　查理·芒格的经典语录与相关著作 ················· 159

第六章　市盈率鼻祖 ·························· **163**

——约翰·聂夫（John Neff，1931 年—）

第一节　早期人生经历 ··································· 165
第二节　温莎基金的曙光 ································· 170
第三节　约翰·聂夫的投资原则 ··························· 178

第四节　温莎基金股票资产配置与卖出股票方式 …………………… 186
第五节　约翰·聂夫的经典语录与相关著作 ……………………… 188

第七章　金融界"股圣" ……………………………… 191
　　　　　　　　　　——彼得·林奇（Peter Lynch，1944 年—）

第一节　别样球童 ………………………………………………… 193
第二节　"股圣"13 年从 2000 万美元增长至 140 亿美元 ………… 196
第三节　"故事"猎手 …………………………………………… 206
第四节　林奇投资的 7 个步骤 …………………………………… 208
第五节　彼得·林奇的经典语录与相关著作 …………………… 213

第八章　英国"投资一哥" ……………………………… 219
　　　　　　　　　　——安东尼·波顿（Anthony Bolton，1950 年—）

第一节　成就 147 倍的富达特殊情况基金 ……………………… 221
第二节　转战中国 ………………………………………………… 227
第三节　逆向投资：毕生投资经验总结 ………………………… 232
第四节　安东尼·波顿的经典语录与相关著作 ………………… 233

第九章　中国的"巴菲特" ……………………………… 235
　　　　　　　　　　——段永平（1961 年—）

第一节　青葱岁月 ………………………………………………… 237
第二节　小霸王与步步高 ………………………………………… 240
第三节　从成功企业家到中国的"巴菲特" …………………… 245
第四节　段永平的经典语录与相关著作 ………………………… 254

第一章

价值投资鼻祖

——本杰明·格雷厄姆
（Benjamin Graham，1894—1976年）

— 人物卡片 —

姓　　　　名：本杰明·格雷厄姆（Benjamin Graham）

出 生 日 期：1894年5月9日

国　　　　籍：英国、美国

生　　　　肖：马

星　　　　座：金牛座

学　　　　历：哥伦比亚大学理学学士

职　　　　业：证券分析师、经济学家、格雷厄姆·纽曼公司（Graham Newman Corporation）合伙人

成就与贡献：被誉为"华尔街教父""证券分析之父"，是价值投资的先驱，他的理论和实践成就影响了无数投资者，并留下了经典著作。1926—1956年的31年间，格雷厄姆的投资年化收益率高达20%。

人物特点：格雷厄姆，一位具有卓越投资才能和深厚学术功底的投资大师。他的个人特质包括稳健谨慎、勤奋好学、理性独立等。

第一节　出生启航与青春岁月成长史

本杰明·格雷厄姆于 1894 年 5 月 9 日出生于英国伦敦的一个犹太家庭。他的父辈兄弟众多,其祖父与父辈从事古董生意,家境优渥。他的母亲是波兰华沙一位犹太教大主教的女儿,受过良好的教育。在格雷厄姆不到 1 岁时,他的祖父决定派格雷厄姆的父亲去美国建立分支机构拓展生意。当时美国正处于工业化和经济发展的快速阶段,有更多的创业可能性和工作机会。

于是,1 岁的格雷厄姆随家人迁往纽约,开始了新生活。起初,他们的生活条件依然优越,有豪宅、厨师、仆人及家庭女教师。不过,他们一直保留着英国国籍,长达 20 年。在 20 岁之前,格雷厄姆一直使用他原本的姓氏"格罗斯鲍姆"。1914 年,随着美国反德情绪的高涨,身居美国的格罗斯鲍姆家族把姓氏改为"格雷厄姆"。

然而,格雷厄姆 9 岁时,家庭突逢变故,正值壮年的父亲因胰腺癌去世,年仅 35 岁。父亲的去世导致原本的古董生意很快败落,家庭经济陷入困境。母亲不得不承担起整个家业,先是经营旅店,后来尝试用房子抵押贷款来炒股,最后因炒股失败而使房产被拍卖,格雷厄姆一家的生活陷入了极度困顿。

在生活的困顿中,舅舅莫里斯·杰拉德如同明灯般照亮了格雷厄姆的前行之路。莫里斯·杰拉德,这位曾任职于英国曼彻斯特大学的数学教授,后转行成为纽约工程师的智者,不仅在经济上时不时给予格雷厄姆援助，更在智力开发和思想上深深影响了他。

舅舅的启迪让格雷厄姆在数学领域早早展现出超凡的天赋。有一个温馨的小故事可以为证：在格雷厄姆十二三岁时，他便开始给一位比自己高一级的同学担任家教，每周补习三节数学课。同学的母亲为了表达感谢，每节课都会支付他50美分的报酬。这份早期的"教学"经历不仅锻炼了格雷厄姆的教学能力，也进一步激发了他对数学的热爱和探索欲望。

在父亲去世后的三年里，格雷厄姆迅速地成长。他一边努力学习，一边打各种零工以赚钱贴补家用。他曾做过推销员、家教、农场挤奶工和财务助理等多种兼职工作。通过早年的辛勤劳动，他深刻理解了金钱的价值，并对过大的财务风险抱有深深的厌恶。对于许多华尔街人士而言，金钱几乎是一个抽象的概念，一种用来衡量成功与否的标准。然而，格雷厄姆对金钱有着更为深刻的领悟。他认识到，金钱是一种真实且具体的影响力，就像水能滋养万物，但也可能引发海啸等灾难。

格雷厄姆天赋异禀，小学和初中期间因成绩优异多次跳级，高中毕业后获奖学金进入常春藤盟校哥伦比亚大学。父亲的离世让他深受打击，但他凭借坚韧的品质，将家族的荣誉视为奋斗的方向，这成为他成功的动力。然而，因混淆了学校名称，他首次申请哥伦比亚大学时被拒绝，之后打了一年零工才被哥伦比亚大学重新录取。被命运垂青的格雷厄姆决定要把丢失的一年时间补回来。于是在进入哥伦比亚大学数学系就读后,他以严谨的态度和智慧的头脑全力以赴,在两年半内取得了4年制常春藤盟校的文凭,而他的出类拔萃更是让数学系、英语系和哲学系"三个风马牛不相及"的院系领导都想招揽他为全职教员。

对于一个本科生来说,这已足够令人震惊。更令人钦佩的是,在就读哥伦比亚大学的第一年,格雷厄姆不仅在电影院担任收银员,还在空闲时间做各种兼职,每周工作时长超过40小时。在如此繁重的工作负担下,他依然能保持顶尖的学业成绩,这充分证明了他的非凡才华、敏捷思维和超群智力。

而后,一个偶然的契机让格雷厄姆意外踏入了华尔街的大门。在毕业前夕,一位纽约交易所的会员因其儿子的学业问题与哥伦比亚大学的校长交流。在谈话中,他提及公司正在寻找一位债券业务员,校长便推荐了格雷厄姆。他一直以来表现优异,并因家庭经济状况而积极寻找工作机会。这次偶然的接触让格雷厄姆对华尔街产生了浓厚的兴趣,他迅速融入了这个金融世界。于是,在1914年的春天,这位哥伦比亚大学的杰出毕业生意外地开启了他的华尔街传奇之旅。

与巴菲特在8岁时就开始阅读投资书籍不同,刚刚大学毕业的格雷厄姆还未接触过任何一本与投资相关的书籍,甚至退掉了在哥伦比亚大学选修的唯一一门经济学课程。显然,1914年,格雷厄姆与华尔街的"结缘",更多是出于经济窘迫的无奈选择。

第二节　投资征途的幽谷与高峰

格雷厄姆的职业生涯起步于华尔街一家规模不大的券商——纽伯格公司，他当时担任的是初级债券业务员。在那个年代，投资领域主要聚焦于债券，而股票被普遍视为投机之选，华尔街对于公司基本面的分析还处于相当原始和粗糙的水平。不过，对于这位后来被称为"华尔街教父"的传奇人物来说，这个看似微不足道的职位，却成了他辉煌成就的起点。

凭借自身的能力，格雷厄姆迅速成长为小有名气的"铁路债券说明书"。在老板的赏识和提拔下，他从债券业务员调职成为统计员（当时的证券研究员被称为"统计员"）。鉴于债券投资者的核心关注点在于企业能否准时支付利息并偿还本金，格雷厄姆身为一名统计员，尤为重视对企业流动资产的数量与质量的深入剖析。他密切关注企业是否持有充足的现金以履行其还本付息的责任，或者在债务到期时，企业资产是否有出色的变现能力，从而确保债务及时清偿。

于是，格雷厄姆充分利用自己作为纽约证券交易所会员单位统计员的身份优势，积极主动地深入企业、探访纽约证券交易所图书馆，甚至向州际商业委员会和公用事业委员会等政府机构探寻、搜集和分析一切有助于评估企业资产质量的资料。凭借出色的数学量化分析能力和精细的财务分析技巧，格雷厄姆在这个过程中发现市场上经常出现价格明显偏离实际价值的情况。例如，同一家公司发行的债券中，条款更优厚的品种，其收益率却反常地偏低；或者同一家公司发行的含转股权债券，比不含转股权同等利率的债券更便宜等。

在察觉到这种难以解释的定价失误后，格雷厄姆会向公司及其客户建议投入资金，以便从这些价格误差中谋求利益。格雷厄姆还能发现与股票相关的定价偏差，并从中获利。结果证明他的策略行之有效，不仅公司及其客户遵循格雷厄姆的建议获得了丰厚回报，甚至他的一些同事和朋友也跟随投资，从而实现了财富的增长。随着一连串成功的案例，他的数据分析能力逐渐在公司及业界内获得广泛的认可。因此，他的薪资被提升至每周50美元，同时，也开始有"金主"谨慎地尝试委托格雷厄姆进行资产管理。

例如，哥伦比亚大学的一位教授将1万美元交由格雷厄姆操作，约定盈亏由二人平分。第一年这笔资金运作得很顺利，格雷厄姆分到数千美元的盈利。然而，1916年秋天到1917年年底，美国股市大跌，格雷厄姆管理的账户出现巨额亏损，他无法按照经纪公司的要求追加保证金，被迫斩仓，给自己留下一笔似乎没有偿还可能的巨额负债，这笔负债对新婚不久的格雷厄姆来说是一场灾难，他一度想过自杀。

幸好那位教授善解人意并富有同情心，提议格雷厄姆每个月固定向账户弥补60美元，直到还清债务为止。幸运的是，格雷厄姆仅仅按月偿还了两年多，股市就出现明显回升，亏损被填平，他的资金管理事业从第一个"坑"里爬了出来。在此期间，格雷厄姆尝试将自己的分析文章投稿给《华尔街杂志》，并于 1917 年 9 月发表了处女作《债券价格中的怪现象》。

自 1917 年 12 月起，美国股市开始重新焕发生机，持续上扬，直至 1919 年 5 月创下新的历史纪录，揭开了后来备受赞誉的"咆哮的 20 世纪"大牛市的序幕。在这蓬勃发展的 10 年间，美国的经济增长势头强劲，国民生产总值飙升了 59%，人均收入也大幅提升了 38%，同时，其工业产值更是占到了全球的 42%，展现了美国经济的巨大活力和潜力。这场波澜壮阔的大牛市历经了 12 年的繁荣，直至 1929 年市场大崩溃前夕，股价（整体股市的股价）已实现了惊人的增长（约为原始股价的 48%）。

在股市繁荣的浪潮中，格雷厄姆如鱼得水，游刃有余。甚至在 1919—1920 年，他还出版了专著《投资者必读》。然而，谁又能料到，这样一本充满自信的专著，竟然出自一位离开校园仅仅五六年，却已积累了"丰富投资经验"的年轻作者之手。在这本书中，格雷厄姆大胆地提出了一个响亮的口号——"好的投资即是明智的投机"。他还倡导投资者"应以合理的价格购入那些具有巨大发展潜力的企业股票"。

尽管市场环境和公司行业会不断变化，但格雷厄姆的价值投资理念永远不会过时，因为人性的贪婪与恐惧在市场中永远不会改变。格雷厄姆的"捡烟蒂"投资方式在 2005 年熊末牛初、2008 年大熊市、2013 年蓝筹股成为"烂臭股"时，以及 2019 年 7 月的国企股上都适用，证明了其理念的持久价值。

格雷厄姆的职业生涯虽然起步于初级债券业务员，但是他凭借出色的能力和努力，逐步晋升为纽伯格公司的证券分析师，并最终成为该公司的合伙人。为了留住这位不可多得的人才，纽伯格公司甚至特别为他设立了证券研究部门。然而，在格雷厄姆为纽伯格公司效力的第9个年头时，他在一位重要客户哈里斯的鼓励下，于1923年年初离开了纽伯格公司。满怀雄心壮志的格雷厄姆携50万美元的初始资金，与哈里斯携手创建了格雷厄姆－纽曼公司，这类似于现今的私募基金，从而开启了他事业的新篇章。

格雷厄姆迅速锁定了首个投资目标，即美国化工领军企业——杜邦公司。凭借对杜邦公司内在价值的精准分析，他果断进行股票操作，短期内便斩获了23%的投资回报。在格雷厄姆－纽曼公司运营的一年半时间里，投资回报率飙升至100%，远超市场平均水平，这无疑彰显了格雷厄姆卓越的投资能力。然而，令人遗憾的是，合伙人与格雷厄姆在投资选择及利润分配方案上存在意见分歧，最终导致了格雷厄姆－纽曼公司在1925年解散。

1926年1月1日，年仅32岁的格雷厄姆迈出了重要的一步，他创立了以自己的名字命名的"本杰明·格雷厄姆基金"，初始投入资金为40万美元。短短三年后，即到1928年年底，该基金的资产规模已激增至约250万美元，增长了5倍之多（已将新增资金计算在内）。其年平均投资收益率高达20.2%，这一数字远超同期道琼斯工业指数的增幅。因此，34岁的格雷厄姆一跃成为百万富翁。值得注意的是，当时的美元价值远高于今日，若按照美国年均3%的通货膨胀率进行换算，1928年的100万美元在2024年大约相当于惊人的5117.79万美元。

在这一时期，格雷厄姆有幸邂逅了他未来职业生涯中的最佳合作伙伴——才华横溢的杰罗姆·纽曼。纽曼是格雷厄姆的哥伦比亚大学校友之弟，具有卓越的管理才能。他能够轻松应对各类琐碎事务，这让格雷厄姆得以释放更多精力，深入钻研证券分析，并精心制定投资策略。

正当格雷厄姆满怀信心、意气风发，以为自己正稳步走向人生巅峰之际，1929年10月29日的"黑色星期二"却如狂风骤雨般袭来。道琼斯工业指数在前一天已经暴跌13.47%的基础上，再次惨烈下挫11.73%。这一天，成为美国证券史上最为黑暗的一天，它宣告了美国股灾的来临，并引发了美国和全球范围内长达10年的经济大萧条。

大萧条期间，美国有5500多家银行倒闭，全国1/3以上的人口失业，约13万家企业倒闭。这种经济崩溃导致了社会的不稳定和民众的困苦。国际方面，大萧条加剧了国际经济的不平衡。美国在此期间成为债权国，而其他国家如英国、德国等则面临支付战争债务和减少从美国进口商品的压力。这种经济压力导致了国际关系的紧张，尤其是那些已经存在政治和社会紧张的国家。例如，德国和日本在经济困境中转向军国主义，试图通过扩张和侵略来解决国内的经济和社会问题。

回顾历史，道琼斯工业指数自1921年从75点起步，一路攀升，至1929年达到牛市巅峰的381点。然而，"黑色星期二"之后，短短几周内，道琼斯工业指数便重挫至200点以下，最终在1932年触底，跌至令人震惊的41.2点。从1929年9月至1932年大萧条的最深谷底，道琼斯工业指数经历了惊人的下跌，跌幅高达90%！这场灾难性的股市崩盘，无疑给当时的投资者带来了沉重的打击。

在格雷厄姆的自传中，他记录了一个颇具深意的小故事。1930年年初，当时亏损尚未严重的格雷厄姆前往佛罗里达州会见一位年迈的商人。这位93岁高龄的老者，一生历经商海沉浮，他诚恳地告诫格雷厄姆，别再在此地虚度光阴，而应立刻返回纽约，抛售手中股票，清偿债务，然后投身于自己真正该做的事情。遗憾的是，格雷厄姆虽然口头上应承，却并未真正重视老者的建议，从而错失了最后的逃生机会。

1930年，格雷厄姆在损失了20%的资金后，误以为股市已经触底。急于挽回损失的他，决定采用杠杆策略进行抄底。然而，随后的市场走势却不同于预期。用格雷厄姆自己的话来说，"所谓的底部被一再跌破，那场大危机的唯一特征就是坏消息接踵而至，情况越来越糟"。1930年成了格雷厄姆一生中财务状况最糟糕的一年，亏损率高达50%。而当1932年股灾真正触底时，他的账户资金已经缩水了约70%。

在股灾期间，格雷厄姆经历了他投资生涯中最为艰难的时刻。由于遭受巨额亏损，他在长达5年的时间里未能从基金中获得任何收益，只能依靠教书、写作和一些兼职来维持生计。为了缩减开支，他不得不搬离豪华的住所，解散所有的仆人，甚至卖掉心爱的豪车，重新过上节俭的生活。直到1935年12月，格雷厄姆才终于赚回了过往的全部亏损。

股灾的深刻教训促使格雷厄姆静下心来，系统总结自己多年的投资经验。他与戴维·多德将这些宝贵的洞见汇集成书，即被后世誉为"投资圣经"的《证券分析》。该书由麦克劳-希尔出版公司于1934年首次出版，并在1940年、1951年、1962年和1988年分别推出了新版本。《证券分析》的出版标志着格雷厄姆投资理念体系的成熟，也确立了他在投资领域里权威的地位。在这本书中，格雷厄姆明确否定了华尔街长期盛行的图表分析方法，提出了自己独到的投资理念。

在《证券分析》一书大获成功后，才华横溢的格雷厄姆也将他的视野拓展到了更多领域。例如，他创作了歌剧《似是而非》，并在百老汇成功上演；他还牵头创办了证券分析师协会和CFA认证体系，并出版了经济学专著《储备与稳定》和《世界商品与世界货币》，在学术界也赢得了广泛赞誉。值得一提的是，他向罗斯福总统提交了一套金融改革方案，并联合多位经济学家共同成立了美国经济稳定委员会，亲自担任主席一职。

这段时间，格雷厄姆的身影频繁出现在各个领域，虽然这些事务与投资并无直接联系，但格雷厄姆·纽曼公司依然在他的引领下稳健运营，取得了不俗的业绩。在格雷厄姆的投资理念的指引下，股市获利实际上变得相对简单，只需进行一些基础的统计工作，甚至只需雇佣几名学生便能轻松完成。格雷厄姆的大弟子施洛斯曾在一次采访中说道："格雷厄姆对赚钱并没有多大的兴趣，所以当他发现股票投资对他而言已不再是件难事后，他便把精力投向了其他更具挑战的领域。不然他在投资界的成就还要更大。"

1948年，格雷厄姆以71.25万美元的价格购入了盖可（GEICO）保险公司50%的股份，并出任董事长。在他的英明领导与管理层的高效运营下，盖可保险公司从一家初创企业迅速崛起，成为全国排名第五的汽车保险公司。到了1958年，盖可保险公司的市值已飙升至超过6700万美元，这意味着格雷厄姆最初的投资已经增值至约3350万美元，短短10年间增长了46倍，年化收益率高达47%。

当77岁的格雷厄姆在1971年退出盖可保险公司董事会时，该公司的市值已接近3亿美元，他的初始投资增值了惊人的200多倍，这无疑成为他投资生涯中最耀眼的一笔。然而，有趣的是，从投资理念的角度来看，这笔投资主要是基于公司的净资产值进行定价的，这实际上与格雷厄姆一直倡导的"烟蒂标准"并不完全吻合。

格雷厄姆立足于1929年的股灾和随后的大萧条，经过充分的思考及总结，写出了传世的《聪明的投资者》。该书的第一版于1949年问世，此时的格雷厄姆已经55岁了，在股灾发生20年后，这位智慧的投资者想告诉我们什么呢？

1950年的秋天，一个20岁的年轻人——沃伦·巴菲特，追随格雷厄姆的足迹踏入了哥伦比亚大学商学院的大门。自1928年起，格雷厄姆就在他的母校哥伦比亚大学开设"证券分析"课程，这一教便是26年，直到1954年。巴菲特对证券分析课程情有独钟，这门课程由《证券分析》的合著者多德教授主讲。而格雷厄姆则会在每周四股市收市后，亲临课堂，为学生们带来一堂生动的大课。

实际上，巴菲特在入读哥伦比亚大学商学院之前，就已经深入钻研过格雷厄姆的经典之作《聪明的投资者》。由于他对数字的异常敏感和与生俱来的天赋，他在课堂上总是表现得出类拔萃。当其他同学还在为专业问题而苦思冥想时，巴菲特却已经能与多德和格雷厄姆两位教授进行深入探讨和交流了，其他同学往往只能站在一旁，目睹并钦佩这思维的碰撞与智慧的较量。这段时间，不仅彰显了巴菲特的才华，也预示了格雷厄姆与巴菲特之间那段被后人广为传颂的深厚师徒情谊的开启。

在经历了世纪股灾之后，格雷厄姆的投资之路变得一帆风顺。或许是因为股票投资对他来说已不再充满挑战，他于1956年做出了退休的决定。据媒体报道，1926—1956年的整整30年间，格雷厄姆的投资年化收益率高达20%，这一非凡的业绩无疑令人瞩目。

1976年9月21日，投资领域的传奇人物格雷厄姆离世，享年82岁。

格雷厄姆的一生跌宕起伏，获得了巨大的成就。他为投资领域建立了一套可复制且具有高度操作性的理论体系，为后来的投资者提供了明确的指导。除了在投资领域的卓越表现，格雷厄姆还展现出非凡的精力，他在投资事业之外，广泛涉猎文学、音乐和经济学等多个学科领域。同时，他还是一位语言学家，精通英语、法语、希腊语和拉丁语。这种多面性与人们传统印象中的大师形象有所差异，但正是这种多样性构成了他真实而丰富多彩的人生。

格雷厄姆慷慨无私，数十年如一日地教授价值投资的理念，并进行实践指导，一生桃李满天下，沃伦·巴菲特、沃尔特·施洛斯、约翰·邓普顿、约翰·内夫、约翰·博格，这些华尔街的顶尖投资大师都是他的门徒。时至今日，或许有人不知道这个名字，但是关于"价值投资"的名词，已经或深或浅地融入各种资本市场参与者的心中，引领后世之人通向一条财富自由之路。

第三节 《证券分析》与《聪明的投资者》

在格雷厄姆踏入华尔街的第二个10年，距离1863年纽约证券交易所的创立仅过去50余年。当时，由于相关法律法规尚未完善，股票市场被各种内幕交易和市场操纵行为所充斥。

在 1934 年格雷厄姆的《证券分析》问世前，技术分析是市场主流，尤其是道氏理论。而艾略特的《波浪理论》也于同年出版。年轻的巴菲特可能首先接触到更通俗的《股票作手回忆录》和《波浪理论》，而非《证券分析》。然而，格雷厄姆作为价值投资先驱，创造性地将财务分析应用于股票，与华尔街主流观念不同。当其他分析师关注股价波动时，他利用财务报表发现市场定价错误，以低风险稳定获利。

随着 1933 年罗斯福政府加强经济干预和监管，证券市场逐步规范化。新法规打击了内幕交易，投资者开始寻求新的获利方式。同时，上市公司须定期披露财务报表，这让《证券分析》大显身手，格雷厄姆的业绩也印证了其实践效果。

《证券分析》奠定了格雷厄姆在华尔街的"教父"地位。毕竟，格雷厄姆确实有真知灼见：第一版的《证券分析》附录里介绍了一批当时被严重低估的股票。8 年后，名单上的股票平均涨幅 252%，而同期股市平均涨幅仅 33%。

格雷厄姆在《证券分析》中定义了"分析"，即基于现有事实和逻辑进行仔细研究。他认为证券分析虽非精确科学，没有任何一种分析能够做出完美的预测，但遵循既定、可量化的事实和方法能提高预测成功率。

在《证券分析》中，格雷厄姆对投机与投资进行了明确的区分。他指出，投机主要受制于市场因素，如技术、操纵和心理等，而投资则更侧重于考量收益、股息、资产及资本结构等内在价值。在探讨投资与投机之间的灰色地带时，格雷厄姆提出，影响未来价值的要素涵盖管理层声誉、竞争环境、公司前景，以及销售、价格和成本等市场动态。尽管内在价值因素与未来价值因素难以截然分开，但格雷厄姆在评估价值时，更倾向于重视前者而非后者。

经典价值投资理念的核心在于，投资者应通过综合比较当前的各项收益、股息和资产状况，来确定一个相对较低的购买价格，从而构建起一个安全边际。值得一提的是，"安全边际"这一概念并非格雷厄姆原创，而是他在翻阅1930年以前出版的《穆迪投资手册》时发现的。格雷厄姆将这一概念引入股票分析中，其背后的思路与他在分析债券时所采用的方法如出一辙。在他看来，无论是投资普通股还是债券，投资者都期望企业能拥有稳定的业务表现，并能产生超出股息要求的充足利润。

价值投资遵循两大黄金法则：首先是避免亏损，其次是时刻谨记这一原则。格雷厄姆强调，明确安全边际——公司前景与股价之间的差距——对投资者规避股市财务损失至关重要。安全边际越大，市场抛售或公司前景转差带来的下行风险就越小。投资者最大的风险在于为利润、股息和资产支付过高的价格。

格雷厄姆提醒，高价风险并不仅存在于劣质公司，优质公司亦然，因其有利的商业条件和高价并非永恒。安全边际是明智的策略，可视作投资的完美对冲。低价购入普通股，顺境时回报可观，逆境时损失有限。此外，安全边际不仅代表投资技巧，更彰显投资者的智慧与气质，使盈利成为可能，并坚定投资者对抗市场短期波动的决心。

但安全边际并非万能，若增长预测未实现，关注流动资产更为稳妥，它们或许经济回报有限，但可作为最后手段清算，前提是有人愿意按账面价值购买公司。

《聪明的投资者》强调价值投资理念，在为读者提供一套系统分析框架外，还说明了影响投资成败的最大因素不是数据、逻辑或知识，而是情绪。格雷厄姆曾说过，《聪明的投资者》的写作目的"主要是指引读者，不要陷入可能的严重错误，并建立一套能放心的投资策略"，为此"我们将以大量篇幅讨论投资者的心理，因为投资者最大的问题，或甚至最大的敌人，很可能就是他们自己"。而《聪明的投资者》意味着投资者要有耐性、纪律，渴望学习，还必须能够掌控自己的情绪，并且懂得自我反省。格雷厄姆解释说，这种"聪明"（intelligent）是指性格方面的特质，而不是指智力。

格雷厄姆力劝读者，即便未来充满不确定性，股价难以预料，但通过充分的准备，即秉持正确的态度、运用科学的方法、保持理性的思考，并做好自身的情绪管理来坦然面对未知的未来，投资者也无须惧怕市场这位反复无常的"暴君"。这也恰恰呼应了《聪明的投资者》一书的深层理念，即投资的成功与否，主要取决于投资者自身的素养与决策。因此，不管外部环境如何变迁，价值投资的修炼之路始终在于投资者自己，正所谓"君子务本，本立而道生"。

格雷厄姆在《聪明的投资者》的最后一章中写道："众人不同意你的看法，并不能说明你是对的还是错的。如果你的数据和推理是正确的，你的作为就是正确的。"这就像缠中说禅（中国第一代操盘手）在解读《论语》时说的"认为好的喜欢，认为恶的厌恶，这都是人之常情"，关键在于自身要对一切现象摒弃好恶，直面现象本身，因为只有这样才能把握好市场的规律。格雷厄姆还写道："在证券投资领域中，一旦获得了足够的知识和经过验证的判断后，勇气就成了至高无上的美德。"很多人和笔者一样，一开始步入市场都会以为那只巨兽叫"市场先生"，但现在我们该知道，那只巨兽源自我们的脆弱内心。

整体来说，格雷厄姆凭借一己之力，让"炒股"从一件原本只是凭感觉、碰运气、靠内幕消息的赌博投机行为，转变为一门具有逻辑支撑、可以量化分析的科学，创造了证券分析行业。

第四节　本杰明·格雷厄姆价值投资理论的三大基石

格雷厄姆作为价值投资的开山鼻祖，他贡献了价值投资理论四大基石中的三个，分别是"买股票就是买公司的内在价值""安全边际"和"市场先生"。他的得意门生巴菲特则贡献了最后一个基石——"能力圈"。格雷厄姆价值投资三大原则与技术分析的三大假设可以作为互相参考。

一、买股票就是买公司的内在价值

有些技术分析者认为基本面变化、政治因素、心理因素、消息面的影响等都会体现在股票的价格中。因此，只要研究市场交易行为就可以了，无须关心背后的影响因素。而与假设"市场行为反映一切"的技术分析流派不同的是，格雷厄姆认为股票就是公司的一部分，所以买股票就是买了一个公司的部分所有权。一旦买入一家公司的股票，就成了这家公司的股东和合伙人，之后的长期回报主要取决于公司经营的情况。因此，价值投资者会投入很大精力去寻找一些优秀的公司，然后以一个合理的价格入股。

实际上，这就是缠中说禅所倡导的投资三个乘法原则中的两环，即基本面和技术面，还有一环就是资金面。要在投资市场获得成功，很重要的就是要三者共振，这样才能天人合发，万化定基。

二、安全边际

因为股票价格一般不会呈90度直线拉升或下降，所以"趋势"和"盘整"的概念是技术分析中的核心。根据物理上的动力学原理，趋势的运行将会延续，直到动力衰竭，出现背驰反转的形态迹象为止。如何把握市场转机以便进行交易获利是技术派最关心的问题。

格雷厄姆并不认为股市是逻辑计算的产物，反而认为大部分的市场行为不是客观理性的产物，而是人类情绪波动及不理性行为的产物。在这里，不由感叹缠中说禅发现的市场规律，即便是人心的轨迹也遵循数学规律，一样遵从"走势必完美"的原则，这是格雷厄姆没有发现的。毕竟，在经历了世纪股灾之后，美国道琼斯工业指数从1932年的41.2点开始反弹，处于一个大的上升趋势中。在那个时代背景下，格雷厄姆的投资策略自然变得更加顺风顺水。

尽管公司经营稳健，股票价格仍然难免波动。鉴于此，格雷厄姆选择不再预测未来股价波动的具体时间和细节。他深刻认识到人类的局限性，坚信市场波动超出了人力的预测和控制范围，因此不应试图去掌控市场的起伏。于是，他着手构建了一套独特的系统，这套系统能够将市场的波动性由一种威胁转变为巨大的机遇，这便是他所谓的"安全边际"。

格雷厄姆观察到，在多数情况下，一家公司的内在价值与其市场价格之间的差距最终会趋于缩小。价值投资者无须揣测哪家公司的股票存在这种价差，因为市场自身会逐步纠正这种偏差。正因如此，当价值投资者寻觅到适宜的购股时机——股票价格低迷期，为其内在价值提供了较高的安全边际时，股价的日常波动就变得无足轻重了。安全边际示意图如图1.1所示。

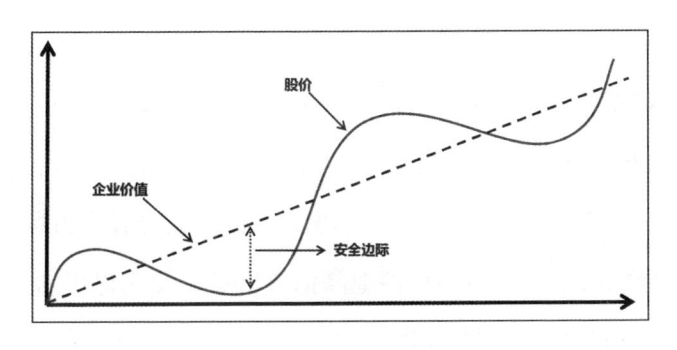

图1.1 安全边际示意图

价值投资学派运用安全边际法则精心挑选股票，他们深信总能发掘到"以 50 美分购进价值 1 美元"的股票机会。因此，即便市场价格剧烈下跌，价值投资者也会保持冷静，不会盲目抛售手中的股票。相反，他们会像经验丰富的渔夫在恶劣天气中坚守海上，静待暴风雨的结束，因为他们深知自然规律——暴风雨后必有晴天。当市场恢复平稳后，那些以 50 美分低成本购入并耐心持有的价值投资者，便有机会以 1 美元甚至 2 美元的价格将股票卖出，尤其是在市场繁荣如"艳阳高照"之时。

格雷厄姆的安全边际可以吸纳进缠中说禅的三个乘法原则系统中，其实两者的意思是很相近的，就是要把握优质股票走势结构的最佳买点，而这样的机会出现的次数并不多，只有看得明白才可能做得到。

三、"市场先生"

技术分析的第三大假设就是"历史会重演"，因为人性不变，所以市场走势呈现出自同构性的特征，而格雷厄姆认为市场波动无法预测。他创造性地发明了"市场先生"这一形象的比喻。

在《聪明的投资者》一书中，格雷厄姆创造了一个"市场先生"角色，帮助投资者将对股票市场的认知从计算范式转向心理学角度。"市场先生"每日提供股份估值，并愿意以此交易。它的情绪多变，有时理性，有时则显得愚昧。它象征着股票市场的极端情绪，导致股票价值被不理性地高估或低估。作为谨慎的投资者，不应被"市场先生"的情绪左右，而应利用其服务，但绝不让其主导决策。简而言之,"市场先生"行为难测,应让它为投资者服务,而非受它摆布。

第五节　本杰明·格雷厄姆的经典语录与相关著作

一、本杰明·格雷厄姆的经典语录

1. 大多数时候,股票会受到非理性和过度的双向价格波动的影响,这是因为大多数人都有一种根深蒂固的倾向,即投机或押注……让位于希望、恐惧和贪婪。

2. 即使是聪明的投资者,也可能需要相当大的意志力来避免随波逐流。

3. 认为公众能够从市场预测中赚钱的想法是荒谬的。

4. 世上本没有一夜暴富的方法,往往最简单的方法就是最好的方法。

5. 如果总是做显而易见或大家都在做的事,你就赚不到钱。对于理性投资,精神态度比技巧更重要。

6. 最终,重要的不在于你比他人提前到达终点,而在于确保自己能够到达终点。

7. 获得令人满意的投资回报比许多人想象得要容易,而获得出众的投资回报则比看上去得要难。

8. 投资是最聪明的人努力去做的最简单的事情,但也是最傻的人努力去做的最困难的事情。

9. 真正的投资操作需要坚持严格的纪律,对自己的情绪有足够的控制力,并且必须有过人的勇气,能够独立思考。

10. 投资的关键在于购买优秀的企业,而不在于预测未来。

11. 如果你对自己的投资组合不放心，那就表明你买错了股票。

12. 最安全的投资方式就是投资自己最熟悉和最擅长的领域。

13. 在证券投资中，你必须保持冷静、理智和不受情绪影响。一旦让恐惧或贪婪主宰了决策，你就完了。

二、本杰明·格雷厄姆的相关著作

1.《证券分析》(Security Analysis)

• 作者：[美]本杰明·格雷厄姆(Benjamin Graham)、[美]戴维·多德(David Dodd)

• 出版时间：1934年

2.《聪明的投资者》(The Intelligent Investor)

• 作者：[美]本杰明·格雷厄姆(Benjamin Graham)

• 出版时间：1949年

3.《本杰明·格雷厄姆：华尔街教父回忆录》(Benjamin Graham: The Memoirs of the Dean of Wall Street)

• 作者：[美]本杰明·格雷厄姆(Benjamin Graham)

• 出版时间：1996年

4.《本杰明·格雷厄姆谈价值投资：华尔街教父的经验》(Benjamin Graham on Value Investing: Lessons From the Dean of Wall Street)

• 作者：[美]珍妮特·洛维(Janet Lowe)

• 出版时间：1999年

第二章

成长股价值投资策略之父

——菲利普·A. 费雪
（Philip A. Fisher，1907—2004年）

— 人物卡片 —

姓　　　名：菲利普·A. 费雪（Philip A. Fisher）

出生日期：1907年9月8日

国　　　籍：美国

生　　　肖：鸡

星　　　座：狮子座

学　　　历：斯坦福大学商学院学士

职　　　业：投资家、投资顾问、高级投资教授

成就与贡献：被誉为"成长股投资策略之父"，现代投资理论的开路先锋之一，理论与实操俱佳，在投资史上堪与格雷厄姆齐名。他定义并传播了"成长股"（growth stock）这一概念。巴菲特曾说："我是85%的格雷厄姆和15%的费雪。如果我只学习格雷厄姆一个人的思想，就不会像今天这么富有。"同时，费雪的投资管理顾问公司每年平均报酬率都在20%以上。

人物特点：费雪以独到的投资策略、深入的分析，以及独立思考和持续学习为优点，他专注于挖掘并长期持有成长型股票，成为备受推崇的投资大师。

第一节 "一个崭新的世界在我眼前徐徐展开"

1907 年，菲利普·A. 费雪出生于美国加利福尼亚州旧金山，比格雷厄姆小 13 岁。值得一提的是，他的名字与他的爷爷相同，承载着家族的传承与纪念，以表达对先辈的深切缅怀。费雪的爷爷是 Levi's 牛仔裤公司最早的会计之一，而他的父亲是一名医生。费雪从小就是一个性格内向且孤僻的人，但他早早就知道股票市场的存在及股价变动带来的机会，这无疑受到了家庭的巨大影响。

费雪的姑姑通过爷爷的牵线搭桥嫁给了 Levi's 家族的一个富豪亲戚。姑姑对这个聪明伶俐的侄子疼爱有加，因此，费雪每周都会去姑姑家做客。在姑姑家，最让费雪期待的莫过于那些大型的家庭辩论活动。这些活动不仅让他感受到了家庭的温暖与欢乐，还让他的逻辑思维能力得到了极大的锻炼和提升。这些经历无疑为他日后在投资领域的辉煌成就奠定了坚实的基础。

20 世纪 20 年代，在费雪的中学时代，美国因第一次世界大战中的军火交易而财源滚滚，全民沉浸在由战争带来的柯立芝繁荣之中。股市异常繁荣，交易活跃，几乎每个人都投身于股票的买卖之中。费雪也在这个时期涉足股市，甚至赚取了一部分学费。回忆起那段日子，费雪曾深情地说："一个崭新的世界在我眼前徐徐展开。"

然而，费雪的父亲对他的炒股行为表示不满与反对，认为这是一种赌博行为。但年轻的费雪据理力争，他认为赌博是纯粹地碰运气，而他是在进行投资。尽管他的话语中流露出坚定与自信，但不可否认的是，那时的费雪还未形成自己成熟的投资理念，他能在股市中获利，或许更多的是依赖于运气的眷顾。

1924年，17岁的费雪考上了斯坦福大学商学院，主修经济投资学，成为斯坦福商学院的首批学生之一。那一年的课程安排中，有20%的时间要求学生每个星期抽出一天参观旧金山湾区一些大型企业，而主持这项活动的鲍里斯·埃米特（Boris Emmetl）教授对费雪后来的影响非常大。

费雪的姑姑很有格局和头脑，她偷偷资助费雪买了一辆车，为费雪向埃米特教授单独学习创造了条件。埃米特教授受聘于美国当时的一家大型邮购公司，为其挽救供货商，因此，费雪有了很多机会和教授一起深入企业，了解企业的情况。在这个过程中，费雪创立了一种非常知名的调研方式——闲聊法。

当时的美国社会流行邮购这种购物方式。顾名思义，这一时期的邮购业务主要得益于邮政系统的完善和目录销售的兴起。顾客通过邮寄方式订购商品，并由邮递员将商品送至顾客指定的地址。于是，许多公司开始提供邮购服务，他们通过印刷精美的商品目录来吸引顾客。这些目录通常包含所售商品的照片、对商品的介绍和价格，顾客根据自己的需求从中选择并下单。随后，顾客将订单和货款通过邮政系统寄回给公司，公司再将商品通过邮政系统寄送给顾客。

这段求学经历让费雪深入学习了公司运营的实际操作知识，并在此期间孕育出对"成长型公司"的投资理念。在其后续的职业生涯中，费雪专注于发掘具有持续增长潜力的公司，并将企业调研视为其投资活动的核心环节。

第二节 "25 年来最严重的大空头市场将展开"

1928 年 5 月，旧金山国安盎格国民银行到斯坦福大学商学院研究所招聘一名主修投资的研究生，21 岁的费雪争取到这个机会，受聘成为一名证券统计员（证券分析师），开始了他的投资生涯。

现在我们都知道，1929 年美国股市的疯狂之后带来了大崩溃，此后便是 10 年的经济大萧条。当时，年轻的费雪身处其中，经历了这一切。尽管 1929 年的美股市场依旧繁荣，但费雪在深入分析美国基础产业的前景时，洞察到许多行业存在的供需失衡问题，预见到市场根基的不稳定。

1929 年 8 月，费雪向银行高层呈交了一份重要报告，警示说："25 年来最严重的大空头市场将展开。"这一预测展现了费雪敏锐的市场洞察力和分析能力，无疑是他职业生涯中令人赞叹的亮点。然而，遗憾的是，尽管他看空市场，但在实际操作中却未能坚持自己的判断。或许是受到当时狂热市场气氛的影响，加上年轻人经验不足，费雪在行为上与自己的预测背道而驰。

他回忆道："我不可避免地受到了股市魅力的诱惑。于是，我开始寻找那些相对便宜的股票，以及那些我认为还有投资潜力的对象，因为它们似乎还未达到应有的价位。"基于这样的判断，他投资了几千美元用来购买三只低市盈率（PE）的股票，分别是火车头公司、广告牌公司和出租车公司。

然而，好景不长，美国股市随即崩溃。尽管费雪曾准确预测到无线电股票的暴跌，但他手中的这三只股票也未能幸免。到1932年，他遭受了巨大的损失。这一经历深刻地表明，市场有其自身的运行规律，低市盈率的股票并非风险的避风港。特别是在面对系统性风险时，更应灵活应变，而非固守一成不变的策略。

1930年1月，费雪晋升为部门主管。不久后，一家经纪公司向他抛出橄榄枝，以高薪邀请他加入。在这家经纪公司，费雪享受到了极大的自由，他可以自主挑选股票进行深入分析，并将分析报告提供给公司的营业员，以助力他们拓展业务。但遗憾的是，费雪转职后仅过了8个月，公司就因股市崩溃的巨大冲击而倒闭。之后，费雪曾短暂从事"乏味无趣"的文书工作。而费雪心中真正向往的事业是成为一位能够管理客户投资的专业人士，不仅为客户提供精准的投资建议，更以此为基础，收取相应的服务费用，从而成为一名名副其实的投资顾问。

由于无法抑制自己内心对于事业的渴望，费雪决定踏上创业之路。在1931年3月1日，费雪毅然决定离开银行界，全身心投入他深爱的股票领域中。他坚信："我宁可在自己热爱的领域里失败，也不愿在毫无兴趣的行业中取得成功。"这种对自我的坚持和对热爱的执着追求，成为他职业生涯中不变的信念与动力。

费雪创立了费雪投资管理咨询公司，开始了投资顾问的生涯。起初，他的办公室十分狭小，密闭无窗，空间仅能容纳一张桌子和两把椅子。办公室里的电话是房东赠送的，甚至连秘书也是房东提供的帮助。尽管生活十分节俭，但他每月的结余竟还不如一个报童。

1932年，美国经济陷入了深渊，许多老板因生意萧条而无所事事，但很欢迎他的造访，与他交谈以消磨无聊的时光。到1935年，费雪已经积累了一群非常忠诚稳定的客户群体，其公司也获得了可观的盈利。此后，费雪的事业进展顺利。

1941年，日本对美国太平洋海军舰队基地珍珠港的突然袭击，导致了大量人员伤亡和财产损失，并直接引发了太平洋战争，美国由此被卷入第二次世界大战的旋涡。在这个历史转折点上，费雪也迎来了他人生中的一段特殊经历。从1942年至1946年，他投身军旅，为陆军航空兵团效力，担任地勤官，负责处理一系列商业相关事务。

尽管身处战火之中，费雪却从未停止对未来的规划与思考。由于远离喧闹的华尔街，服役期间，他不仅尽职尽责地完成军事任务，还在闲暇之余换一种方式去思考投资。他开始对自己过往的投资实践进行系统化的梳理，并总结出了独步华尔街的秘诀——"费雪投资 15 原则"。

第二次世界大战前，费雪投资管理咨询公司面向广大公众，无论资金规模大小，都竭诚为客户服务。然而，经历了战争的洗礼后，费雪的思路发生了深刻的转变。费雪意识到，为了更专注、更高效地为客户提供服务，战争结束后他计划将服务对象聚焦于一小群资金雄厚的大户。这样，他便能够集中精力精心挑选具有高成长潜力的股票，为这些大客户提供更为精准、专业的投资建议。这一战略调整，不仅彰显了费雪的商业智慧，也为他的事业发展奠定了坚实的基础。

不久，费雪投资管理咨询公司重新开张。1947 年年初，他开始关注化工行业，敏锐地察觉到这个行业未来的增长潜力。道氏化工作为当时化工行业的一家重要企业，自然引起了费雪的注意。费雪在深入研究道氏化工的财务状况、市场前景及竞争环境后，认为该公司具有持续增长的潜力。他看重道氏化工在技术创新、产品质量和市场占有率方面的优势，认为这些因素将推动公司的长期发展。于是他向客户推荐道氏化工。

在对道氏化工的投资过程中，费雪在选择买入时机时非常谨慎。他等待了一个合适的时机，即当道氏化工的股价处于相对较低的位置时，果断买入。买入后，他并未因短期市场波动而轻易卖出。费雪坚信长期投资的价值，因此选择长期持有道氏化工的股票。持股中，费雪也始终关注市场动态和公司业绩，以便及时调整投资策略。他通过分散投资来降低风险，同时保持对道氏化工的持续关注。此后，费雪在《论成长股获利》一书中分析了几个制造行业特征，其中就包含化工行业。

1955年，美国正逢长达15年的"电子类股票首个黄金时期"。当时，科技巨头寥寥无几（IBM公司除外）。然而，费雪与众多有识之士都预见到半导体行业——这个集人类智慧之大成的领域，将拥有无限的未来。于是，费雪以每股约14美元的价格，大胆买入了市盈率高达20倍的得州仪器股票，且持仓较重。短短3年后，得州仪器成功研发出全球首款集成电路芯片，其股价因此节节攀升。

费雪的投资理念始终着眼于企业的长期成长潜力。当得州仪器的股价升至每股28美元时，客户曾敦促他减仓，股价涨至每股35美元时，客户的压力更大，建议他逢高卖出以待回落时回购。然而，费雪仅小幅减持，成功说服客户保留大部分仓位。尽管几年后该股票曾一度暴跌80%，也仍比那些所谓的"理想卖点"高出至少40%。费雪坚信，除非发现更优质的投资机会，否则不会轻易换股。至1962年，得州仪器的股价已较1955年飙升了14倍。

1958年，时年51岁的费雪将其独到的投资理念体系整理并出版。这本名为《怎样选择成长股》（*Common Stocks and Uncommon Profits*）的著作在投资领域产生了深远的影响。其影响力主要归功于该书内容在斯坦福大学商学院投资课堂上的长期运用与推崇。

1967年，得州仪器再次创新，推出了手持计算器，其股价在随后几年内再创新高，较1962年的高点翻了一番。因此，费雪在得州仪器上的投资收益超过了30倍。

摩托罗拉，这个名字对于20世纪出生的"80后""90后"来说，一定不陌生。在2004年，手中能持有一部Moto RAZR V3的人，无疑会成为众人羡慕的对象。有意思的是，这家缔造传奇的公司，其历史可追溯至1928年，那时还叫加尔文制造公司。

仅在公司创立后的第三年，创始人保罗·加尔文便推出了首款在市场上大获成功的车载收音机，并将其命名为"摩托罗拉"。这个名字不仅代表了这款产品，更在之后成了公司的新称谓。自此，摩托罗拉在通信行业的道路上高歌猛进，无论是通信技术还是信息传播，甚至是从地球延伸至太空的探索，其影响力都非常显著。

时光回溯到1955年下半年，那时的费雪已经开始大量买入摩托罗拉的股票。当时的美国正值第二次世界大战结束，科技革命的推动、国家垄断资本主义的发展、新兴工业部门的蓬勃兴起及对外贸易和资本输出的迅速扩大，都推动着美国经济的繁荣发展，整个 20 世纪 60 年代被誉为"繁荣的十年"。在那个时代，小汽车数量激增到 9000 万辆，黑白电视机达到 6300 万部，彩色电视机也有 2700 万部等。

摩托罗拉正是在这样一个充满挑战与机遇的时代背景下，如一颗蓄势待发的雪球，站在了长长的雪道上，凭借自身的优势和努力，不断积聚动力，最终成为滚动最快、最引人注目的"雪球"。

"那时，摩托罗拉在半导体行业中的地位并不显著，没有什么特别的理由让我购买这些股票。但摩托罗拉团队及他们在移动通信领域的执着努力，给我留下了极为深刻的印象。"费雪如此说道。显然，费雪洞察到了摩托罗拉的巨大潜力和它独特的"价值"。

此后，在持有摩托罗拉股票的 20 多年中，美国历经了经济滞涨、石油危机等诸多风雨。然而，费雪始终坚定地持有摩托罗拉股票。最终，他的坚持获得了丰厚的回报——其间摩托罗拉的股价上涨了整整 19 倍，年均增长率高达 15.5%。

在 1961 年和 1963 年，费雪以自己写的《怎样选择成长股》为框架，回到母校斯坦福大学商学研究所教授高级投资课程。这无意之举反而让费雪发现了另外一个爱好——教育。他主要讲解了成长股投资策略，分享如何通过企业调研评估企业价值，并强调了风险管理的重要性。费雪的教学不仅为学生提供了宝贵的投资知识，还对整个投资界产生了深远影响，培养了大量专业人才。

另外，除了在斯坦福大学商学研究所教授高级投资课程外，费雪还通过自己的著作和演讲等方式传播投资知识，对后来的投资者产生了深远影响。从1968年起，61岁的费雪成为斯坦福大学商学院的投资学教授，直到1999年，近92岁的费雪退休。

2004年3月，一代投资大师与世长辞，享年96岁。

在费雪的一生中，他经历了美国股市的巨变。1929年，标普（标准普尔）500指数曾高达31.86点，然而到1932年却急剧下跌至最低的4.4点，跌幅高达86%。这惊人的数字，让人不难想象当时市场的惨淡与悲壮。然而，时光荏苒，到了2004年，标普500指数已飙升至1100多点，相较于历史最低点，涨幅达到了惊人的250倍。这样的起伏，无疑见证了股市的风云变幻与无限可能。

第三节 《怎样选择成长股》的哲学起源

本杰明·格雷厄姆被誉为"低风险"的数量分析大师，他的研究重心主要集中在固定资产、当前利润及红利分析上。他致力于探索一种能为普通投资者所接受的安全投资策略，以实现稳定的投资回报。为了降低投资风险，格雷厄姆建议投资者应构建充分多元化的投资组合，并倾向于选择价格较为低廉的股票。

与本杰明·格雷厄姆形成鲜明对比的是"高风险"的质量分析专家菲利普·A. 费雪。他更关注能够提升公司内在价值的因素，如发展前景和管理能力。**费雪鼓励投资者寻找并购买具有显著成长潜力的股票。**在投资决策之前，他强调进行深入研究和实地考察的重要性。与格雷厄姆的多元化策略不同，费雪主张投资组合的集中化，建议投资者专注于少数几种甚至单一品种的股票。

费雪一生致力于发掘成长型股票，曾缔造 15 年巅峰传奇，成功捕捉涨幅超 30 倍的股票，并持有同一只股票长达 21 年，见证其股价飙升 20 倍。尽管身为顶尖投资大师，费雪却保持低调，鲜少接受采访，因此在普通投资者中名声并不显赫。然而，1959 年，他的经典之作《怎样选择成长股》问世，即刻成为投资者必备的指南，更是史上首部登上畅销榜的投资书籍。

"成长股"一词因此书而广为流传，成长型投资策略也成为美国股市的主流理念。即便数十年过去，费雪的投资智慧依旧熠熠生辉，《怎样选择成长股》不仅深受金融界人士推崇，更被众多读者视为投资理财的圣经。关于这本书的哲学起源，费雪是这么说的：

"没有一种投资哲学能在一天或一年之内发展完全，除非抄袭别人的方法。就我的情形来说，它是在很长的时间内发展出来的，其中一部分可能来自所谓合乎逻辑的推理，另一部分来自观察别人的成败，但大部分来自比较痛苦的方法，也就是从自己的错误中学习。向别人解释我的投资方法时，最好的方法可能是回顾历史，细说从前。因此，我将回到早年我的方法慢慢成形的时候，试着一点一滴地把这个投资哲学的发展历程交代清楚。

但在20世纪20年代那场漫长牛市最终崩跌之前，有一段经验教给了我非常重要的事情，可供未来使用。1927—1928学年，我被斯坦福大学那时刚成立的商学院研究所录取为一年级学生。那一年的课程安排中，有20%的时间要求学生每个星期抽出一天参观旧金山湾区一些大型的企业，而主持这项活动的鲍里斯·埃米特教授，由于其学术和商业相关背景，被赋予这个责任。

那时候，大型邮购公司很多商品都是和供应商签约购得的，而这些供应商唯一的客户是邮购业者里面的一家公司，合约条件往往对制造商很不利，利润率很低，所以每过一段时间，就有一家制造商陷入严重的财务困境。眼睁睁看着供应商倒闭，不符合邮购公司的利益。多年来，埃米特教授受雇于一家邮购公司，负责在供应商被压榨得太厉害并且摇摇欲坠时，担任救援工作。因此，他对企业的经营管理懂得很多。

这个课程的设置有个原则，就是我们绝不拜访只让我们看工厂的公司。'看过轮子转动'之后，管理阶层必须愿意和我们坐下来讨论，在教授非常犀利地提问下，我们可以获悉一家企业实际经营上的优点和弱点。我发觉这正是我想要的学习机会，而且能够利用个人特有的东西把握这个特别的机会。半个世纪前，汽车相对于人们的比率远低于今日，埃米特教授没有车子，但是我有。于是我主动提议，搭载他前往各个工厂，途中我没学到什么东西，不过每个星期回斯坦福大学时，可以聆听他对某家公司的真正看法。我享有这样一种特权，该特权给了我十分宝贵的学习机会。

这些行程中，我也养成了一种明确的信念，后来证明该信念很有价值，更奠定了我的事业基础。"

20世纪50年代的美国是一个经济繁荣、文化多元且社会变革初现的时代。家庭生活的重心转向家庭主妇和儿童，经济发展迅速（第二次世界大战后经济进入空前高速发展时期，工业生产年平均增长率在20世纪50年代达到4.0%），特别是西部和北部地区。同时，时尚界也迎来了新的设计风格，社会政治方面则面临着国内外的多重挑战与机遇。

此时，预测企业的景气周期、市场萧条和繁荣周期的方法已经很难再奏效。因此，费雪主张摒弃"择时"策略，转而寻找并早期投资"真正优秀的公司"，并坚定持有。长期来看，这种策略比赚取市场波动带来的收益更为可观。当然这和时代发展背景息息相关。

"随意浏览美国股票市场的历史就能发现，人们曾经使用两种截然不同的方法赚取了大量的财富。19世纪和20世纪50年代之前，很多人靠着预测企业景气周期而赚到了或多或少的财富。当时的银行体系不甚稳定，导致经济繁荣和萧条交替出现。若在萧条时买进股票，在繁荣时卖出，则投资获得回报的可能性很高，而那些在金融领域具有良好人脉关系的人尤善此道，因为他们可以事先获得银行体系什么时候会出现紧张状态的消息。

但我们需要了解一个重要的事实，那就是或许在 1913 年联邦储备系统（Federal Reserve System）建立之后，运用这种方法在股市获利的时代已经结束，并在罗斯福总统任内初期，通过'证券法'之后彻底成为历史。而使用另一种方法的人，赚了远比以往更多的钱，同时承担的风险也大大低于从前。即使是在早期，只要认准真正优秀的公司并坚定地持有它们的股票，哪怕市场震荡剧烈也毫不动摇。事实表明，运用这种方法赚到钱的人远比用买低卖高法赚钱的人更多，而且赚到的收益也会更高。"

——《怎样选择成长股》第一章

第四节 《怎样选择成长股》的投资之术

在投资过程中，通过"闲聊法"，即与公司管理层、行业专家及其他相关人员深入交流与接触，可以更全面地了解目标公司是否符合"费雪投资 15 原则"，从而精准地筛选出真正具有成长潜力的企业。

"一些人对以上的做法（花费大量的时间'闲聊'、调查研究）颇有微词，因为曾经有很多次听到他们的观点（认为这种研究方法太耗费时间与精力），所以我也了解他们反对的理由：我们怎么可以为了找到两家值得投资的公司而花费如此惊人的时间呢？我向投资界的专业人士询问一下买什么股票，难道不能得到准确的答案吗？有这些想法的朋友，我想请他们了解一下这个真实的世界：想一想，有哪种投资，你投 1 万美元，然后在 10 年后变成 4 万~15 万美元（这段时间，只偶尔看看公司管理层是不是依然保持优秀）？

　　只有成功地挑选出高价值的成长股才会有这样的获利。一个人，如果每周只需花费一个晚上的时间，躺在舒适的座椅里，浏览一些来自券商的那些只提供只言片语、碎片化信息的免费报告，你觉得有可能吗？一个人，如果只是找了一位投资经纪人，一番咨询之后，然后支付 135 美元（135 美元是在纽约证券交易所以 20 美元每股的价格买入 500 股股票所需支付的手续费）的投顾费，就能获得这样的利润，你认为可能性大吗？据我所知，没有哪个行业赚钱是容易的，股票市场里也同样不简单。"

——《怎样选择成长股》第十章

　　显而易见，费雪的投资策略主要包括精选股票、集中投资和长期持有，并以此追求超额回报。同时，他认为小公司由于抗风险能力较弱，往往难以挺过行业周期。相反，那些财力雄厚的成长型大公司，即便在经济萧条时期股价出现下跌，也只是暂时性的，更有可能稳健地穿越经济周期。

　　"如果投资者拿着一笔对自己和家人非常重要的钱去冒险，很明显应该遵守这样的原则：'大部分'资金所投的公司，即使不是陶氏化学、杜邦、IBM 这样的大公司，至少也应该是接近这种类型的公司，而不应该是小规模的初创型公司。"

——《怎样选择成长股》第四章

　　"持有财务状况不佳或收支刚刚平衡的小公司的股票，无论是现在还是过去来自经济周期的威胁都很严重。但对于财力雄厚或有贷款能力以度过一两年艰苦时期的成长型大公司持股人而言，在当今的经济环境下即使发生萧条，也只会导致所投资公司股价的暂时性下跌。"

——《怎样选择成长股》第一章

当然，坚守自己的能力圈也是至关重要的。费雪指出，许多投资者的误区在于他们试图赚取所有可能的钱，却未能在任何领域达到精通。实际上，当一个股票受到全市场关注，并引发大众争相购买时，往往并非最佳的投资机会。

与格雷厄姆的观点不同，费雪并不推崇通过财务数据分析来寻找低价股票。费雪提出，历史财务数据并不能真实反映公司的未来发展潜力；同时，即便能够找到价格低廉的股票，若其成长性不足，则未来的盈利空间也会受到限制。

"普通投资者往往都认为财务和数据统计是成功投资的核心技能，如果在这些方面投入了足够多的精力，就会找到一些价格非常低廉的股票。其中某些可能真的很适合投资，但其他一些股票所代表的公司可能在未来的经营上陷入困境，而这些未来经营上的问题仅通过统计数字是看不出来的，因此，这些股票不但不能算便宜，而且与几年后的价格比起来，目前的价格其实是很高的。

不仅如此，即使是真正便宜的股票，它便宜的程度毕竟是有限的，股价通常需要很长的时间才能回归到反映公司真实价值的程度。就我目前的观察而言，在一段足以做出公平对比的时间期限内，比如说5年之内，那些最擅长运用统计数据发掘低估值股票的投资者最后所获得的利润，同运用一般的智慧买进管理优秀的成长型公司股票的投资者所获得的利润相比要少很多。当然，这一研究结果考虑到了成长型股票投资者所买股票未能获得预期中的利润并且发生亏损的情况，以及寻求低估值股票者购买了并不便宜的股票时产生的损失。"

——《怎样选择成长股》第四章

一、费雪的投资策略

1. 关于买入

"我觉得一些传统上选取买股时机的方法，表面上貌似有道理，实则愚不可及。按照传统的方法，投资者必须先搜集大量的经济资料，从这些资料中对企业的中短期景气状况做出一个判断。如果是比较老练的投资者，除了判断企业的景气度，那么往往还会预测未来的资本利率情况。接下来，如果所有的预测都表明投资的整体环境没有出现较大的恶化，那么他们就会得出可以放手去买股票的结论。而在有些时候，投资环境会出现一些预示着暴风雨将来临的疑云，此时运用这种方法的人就会延缓买进股票或干脆取消买入计划。

我之所以反对这种方法，不是因为它在理论上不合理，而是目前可以用来预测未来经济趋势的知识不甚充足，还不可能将这种方法应用于实际操作。用它预测的正确率并不足够高，拿自己的储蓄去进行有风险的投资，实在不适合以这种方法为依据。"

——《怎样选择成长股》第五章

2. 最佳买入时机

"利润即将大幅改善,但对利润增加的预期还没有造成公司股票价格的大幅拉升。我相信,这样的情况出现时,就是这些适合投资的公司处于好买点的时候。相反,如果这样的事暂时不会发生,但只要买入的是一家优秀的公司,投资者从长线而言仍能获得利润。

除非遇上股票市场中出现大量投机性购买、市场热情高涨的奇怪年份,或者是连续出现重大的经济风暴来临的信号(就像1928年和1929年时的情形),我相信投资者应该忽略对整体经济态势或股市趋势的一切猜测,一旦出现合适的买进机会,就应该投入适当的资金买入股票。"

——《怎样选择成长股》第五章

3. 关于卖出

"三个卖出原则:买错了,基本面变了,遇到更好的机会。

(1)最初的买入行为就是一个错误,而且当下盈利的情况越来越表明所买入公司的实际情况并不像原先所想象的那么优秀。

(2)如果一家公司的基本面情况随着时间的推移而发生变化,与"费雪投资15原则"的契合度不再那么高,这时就应该卖出公司的股票。

(3)发现了一家更有吸引力的公司,其平均年度成长率更高。

若投资人对自己的判断有十足的把握，则应该卖出原有持仓而买入发展前景更好的股票。但这种情况极少出现。

还有一个代价更为昂贵的理由可以说明为什么投资者绝对不应该因为担心整体市场可能出现熊市而抛售手中优秀的股票。如果最初所选的股票的确很好，那么出现下一次牛市的时候，这只股票一定会创出新的股价高点，且远高于迄今为止的最高点。

投资者如何知道什么时候该买回股票呢？理论上，应该在下跌出现之后将其买回。但是，说这种话的前提是投资者知道跌势在什么时候结束。我见过许多投资者因为担心将来大盘出现熊市而抛售了将在未来几年有巨大涨幅的股票，结果是熊市往往没有预期而至，整个大盘却一路高歌猛进。如果熊市真的来临，我几乎没发现过多少投资者能够在当初的卖价以下买回当初卖出的股票（这样的投资者不足1/10）。通常来说，他们要么是在苦苦等待股价跌得更多的时候错过；要么是股价的确继续下跌，但因为担心中短期回升不了而没有买回，而又错过。"

——《怎样选择成长股》第六章

二、费雪的选股策略

费雪经过半个世纪的投资历练，对于选股有如下总结。

1. 八大核心投资哲学

（1）选择具有坚固竞争壁垒（即特许经营权）的公司进行投资。这类公司拥有难以复制的内在优势，使得新兴竞争者难以撼动其市场地位，分享其增长红利（这就是巴菲特强调的"护城河"）。

（2）全力捕捉被市场冷落的投资机会。当市场整体环境或误判导致公司价值被低估，股价远低于其真实价值时，便是果断入手的最佳时机。

（3）坚守股票投资，直至公司基本面发生深刻变化，或其成长速度无法再超越整体经济水平。除非有确凿证据表明投资判断失误，否则不轻言放弃。

（4）若你的投资目标是追求股价的显著增值，则股息因素就不应成为主要考虑的方向。

（5）投资者需认识到，犯错是投资过程中不可避免的成本。关键在于及时认错、深究错误根源，并学会如何避免再次踏入同一条河流。

（6）卓越的公司如同稀世珍宝，低价买入的机会更是难得。因此，在特殊时期，一旦有利价格出现，就应果断出手，将资金集中于一些千载难逢的机会上。对于创业型或小型企业，需谨慎进行多元化投资，逐步将投资重心转移到少数精选企业上。

（7）顶级的投资者需有出类拔萃的独立思考能力，既不被金融市场的主流观点所左右，又不因逆反心理而盲目否定主流看法。

（8）投资如同其他任何工作，要想取得成功，都离不开勤奋努力、坚持不懈及诚实正直的品质。

费雪坚信，虽然投资中运气成分难以避免，但长期来看，好运与坏运将相互抵消。要想取得持续的投资成功，必须依靠专业技能和坚守良好的投资原则。未来的投资领域，将属于那些能够自律并愿意付出心血的人。

2. 费雪投资 15 原则

"如果一家公司能够满足其中大部分的原则，那么它就有可能是很好的投资目标；如果在这些原则中公司无法达到的原则很多，那么我认为它将不值得投资。"

——《怎样选择成长股》第三章

原则一：这家公司是否拥有一种具备良好市场潜力的产品或服务，使得公司的销售额至少在几年之内能够大幅增长？

原则二：当公司现有的最佳产品的增长潜力已经被挖掘得差不多时，管理层是否有决心继续开发新产品工艺，以便进一步提高总销售额，制造出新的利润增长点？

原则三：考虑到公司的规模，这家公司在研究发展方面做出的努力取得了多大的效果？

原则四：这家公司有没有高于行业平均水平的销售团队？

原则五：这家公司有没有足够高的利润率？

原则六：这家公司做了哪些举措以维持或提高利润率？

原则七：这家公司是否具备良好的劳动人事关系？

原则八：这家公司的高级管理者之间关系是否良好？

原则九：这家公司管理是否很有层次？

原则十：这家公司的成本分析和会计记录做得如何？

原则十一：这家公司相对于行业内的其他公司而言，在业务的其他方面是否具有竞争力，以便让投资者找出了解该公司相对于竞争者具备何种显著优势的线索？

原则十二：那么这家公司对利润有没有短期或长期的展望？

原则十三：在可预见的将来，这家公司是否会通过大量发行股票来获取足够的资金以支持公司发展，现有持股人的利益是否因预期中的股份数量增加而蒙受大幅损失？

原则十四：管理层是否向投资者报喜不报忧？业务顺利时口若悬河，而在出问题或发生令人失望的事情时三缄其口？

原则十五：这家公司管理层是否有毋庸置疑的诚信、正直的态度？

在这里，可以将费雪投资15原则概括为"天时、地利、人和"三大要素。

（1）"天时"指的是公司业务是否顺应行业大势，以及是否具备持续增长的潜力，这是决定企业成功与否的外部因素。

（2）"地利"则涵盖了产品、研发和销售等硬实力，它们为企业提供了稳健发展的基础。

（3）"人和"主要体现在企业的管理能力和企业文化等软实力上，它们是企业内部协同合作、共同发展的关键因素。

这三者相辅相成，共同构成了费雪投资理念的核心。

3. 投资者的十不原则

（1）不要购买创业阶段的股票。

（2）不要忽视在"场外市场"交易的股票。

（3）不要因为你喜欢某公司年报的"语调"而去购买该公司的股票。

（4）不要认为一家公司的市盈率很高，就必然表示未来的收益成长空间已经被反映在价格上。

（5）不要计较蝇头小利。

（6）不要过分强调分散化投资。

（7）不要担心在战争阴云之下买股票。

（8）不要忘了你的吉尔伯特和沙利文（英国剧作家和作曲家，意思是不要受无关紧要的事情的影响）。

（9）买进真正优秀的成长股时，除了考虑价格因素之外，不要忘了时机的重要性。

（10）不要盲目从众。

4.保守型投资者该如何选股？

要弄清楚以下两个概念。

保守型投资：在最低的风险下，最有可能保存（或维持）购买力。

保守地投资：了解保守型投资的构成方式，然后针对一笔特定的投资，按照一套合适的行动程序，以确定这笔待定投资到底是不是保守型投资。

在投资时，只有符合这两个条件的人，才能称为保守型投资者。

可作为保守型投资对象的公司，必须具备以下四个因素。

第一因素：生产、营销、研发、财务方面的优势。

（1）低成本的生产。

（2）强有力的营销组织。

（3）杰出的研究工作和技术成果。

（4）出色的财务能力。

第二因素：人。

（1）这家公司必须认识到它所处的世界的变化速度是越来越快的。

（2）公司必须让所有员工真心感到公司是一个好地方。

（3）公司管理层愿意以身作则，遵守公司成长所要求的纪律。

第三因素：内在特征。

公司具备某些独特的内在特征，这些特征能够确保在可预见的未来，公司有能力长久地保持超出平均水平的盈利能力，换言之，该企业已构筑起坚实的"护城河"。

第四因素：价格。

审慎评估股票当下的市盈率。

"'评价'问题的核心是理解变幻无常的市盈率。我们绝不要忘记'评价'是一件很主观的事，它和现实世界中所发生的事情没有必然的关系。相反，这要看作评价的人认为正在发生什么事情，而不管他的判断和事实有多大的出入。换句话说，任何个股不会因为公司实际上正在发生的事情，或即将发生的事情而在某一时刻发生上涨或下跌，而是因为金融界人士对正在发生的事及即将发生的事，在看法上达成了一致而上涨或下跌，不管这种一致的看法和真正发生或即将发生的事情相差有多远。"

——《保守型投资者安枕无忧》第四章

"按照我的看法，虽然这些股票的价格看起来很高，但它们通常应该继续持有，一个很重要的理由：如果公司基本面真的很不错，这些公司的利润迟早会上升到一个不仅足以支撑目前的价格，还能支撑价格涨得更高的水平。如果用前面三个要素的标准进行选股，真正吸引人的公司凤毛麟角，我们是非常难找到价值真正被严重低估的股票的。

对于一般投资者来说，卖出这类股票转而买进那些看起来有些符合前面所说的三个要素，但其实并非如此的股票，其实际风险远高于坚守质地绝对优良但目前价值高估的股票所产生的暂时性风险，因为真正的价值迟早会涨得与目前的价格相匹配。这些价值暂时高估的股票价格偶尔会发生大幅下跌，同意我上述观点的投资者，应做好忍受这种下跌的心理准备。

另外，根据我的观察，那些意图卖出这种股票后，希望等到适当的时机再将其买回的人，很少能够达到他们的目的，他们所期待的跌幅，通常实际上根本没有出现过。结果是几年之后，这些基本面很强的股票所到达的价格，远高于当初他们卖出时的价格，他们错失了后来出现的全部涨幅，且可能转而买入了基本面差很多的股票。"

——《保守型投资者安枕无忧》第四章

"股票投资的第四个要素，或许可以概括如下：任何个股在某一特定时间的价格，均由当时金融界对该公司、该公司所处行业的评价及在某种程度上的股价水平所决定。要确定某只股票在特定时间的价格是否具备吸引力、吸引力大小，主要看金融界的评价偏离现实的程度。但是，由于整体股票价格水平在某种程度上也会对此产生一定影响，所以我们也必须对一些纯粹金融因素即将发生的变化做出准确预判。在这些纯粹金融因素里，利率最为重要。"

——《保守型投资者安枕无忧》第四章

第五节　与菲利普·A.费雪的对话

1987年,《福布斯》对菲利普·A.费雪先生进行了访谈。关于如何选择股票,应该挑选哪些类型的股票,以及在市场逆势时是否应该继续投资?针对这些问题,菲利普·A.费雪在这篇采访中,以浅显易懂的语言给出了他的见解。尽管股市起伏不定,但他的投资理念至今仍能引人深思,为投资者提供宝贵的指导。

《福布斯》"与菲利普·A.费雪的对话",1987年10月19日

菲利普·A.费雪不会以奢华的办公室给人留下印象。他在加利福尼亚州圣马特奥的一个不起眼的九层办公楼里工作,当交通顺畅时,从旧金山往南开车大约需要30分钟。那里有一个小的外间办公室,放着一张秘书坐的桌子,几个文件柜,一部电话,一台答录机,除此之外没有太多东西。没有电脑,没有Quotron机(科特龙证券行情报价机),没有复杂的图书馆,只有一个精致而熟练的头脑。

费雪为他桌子的凌乱状态道歉,他上周一直在拜访新英格兰的公司,刚刚回到家。费雪刚在9月过了80岁生日,他精力充沛、智力敏锐、机智犀利。他仍在管理资金,每天都在学习如何做得更好。如果华尔街(即使是在加利福尼亚这里)有可能造就出日本人所说的"国宝级"人物,那么菲利普·A.费雪无疑是当之无愧的。

问：您好像不喜欢买太多的股票？

答：我有 4 只核心的股票，这些是我真正想要的，它们代表了我的投资组合。另外，我还会用少量的钱去买一些有潜力进入核心股票池的股票，通常是 5 只。目前，我不太确定，如果要我现在买，那么我会只买其中的 2 只股票，而放弃其他 3 只。

每隔 10 年我都会这样做，从 20 世纪 30 年代的 2 只股票开始，我总共发现过 14 只核心股票，这是一个很小的数目。但是，这么多年它们为我赚了很多钱，其中最少的都有 7 倍的投资回报，最多的收益甚至能达到几千倍。

我还买过 50~60 只其他股票，它们都让我赚了钱。当然，我也亏过钱，有两次投资缩水过 50%，还有很多次损失 10% 的经历，这其实就是做投资生意的成本。

然而，大多数的情况是，一只股票温和地下跌后，我会买入更多，最后它还是带来了巨大的回报。

但是，这些例子和那 14 只赚大钱的股票相比，实在是没有什么好说的。我持有它们的周期都很长，最短的都有八九年，最长的有 30 年。

我不愿将时间浪费在微薄的利润上，我追求的是巨额回报，并为此做好了长期等待的准备。

问：那什么样的股票才是您说的核心股票呢？

答：它们应该都是低成本的生产商，在行业中应该是世界级的领导者，或者是完全符合我的其他标准。它们现在应该拥有有前途的新产品，而且有超越平均的管理水平。

问：您似乎非常强调公司的管理，是吗？

答： 认识一家公司的管理有点儿像婚姻：你要真正了解一个女孩，就必须和她生活到一起。在某种程度上，你要真正了解一家公司的管理，也需要和它生活在一起。

寻找那些你喜欢的公司，那些能够给你带来帮助，能解决你和你客户之间问题的公司。

我的兴趣主要是在制造业（我不喜欢用科技公司这个词）这样的公司，因为它们总能通过对自然科学的发现来拓展市场。

其他领域，比如零售和金融，它们都是极好的机会，但是我并不擅长。我觉得，很多人投资的缺陷就在于他们希望什么交易都涉及，但是一个都不精通。

问：您现在会寻找其他股票吗？

答： 我会花很多时间来研究，并不急于买入。在一个连续下跌的市场环境中，我不希望过快地买入那些我不熟悉的股票。

问：除了公司有好的管理之外，您还会参考其他什么因素？

答：当我与客户激烈地争论某项投资时，比如他们不情愿地说，"好吧，既然你这样说了，那我们就做吧"，这种时候的投资应该是恰到好处。

如果我说，"我们买 1 万股吧"，而他们说，"为什么不买 5 万股呢"，这种时候其实是在告诉你已经买迟了。

我也不会买市场偏好的股票。

假如我去参加某只科技股的会议，会场里面挤满了人，只有站着的地方，那么通常这是个很明显的信号：现在不是买入这只股票的时候。

问：听起来，您像是一个逆向投资者？

答：真正的成功不是要做一个 100% 的逆向投资者。当城市中的人们看到新式汽车将淘汰老式街车的时候，有人会想，"既然没人愿意买老式街车的股票，那我就买它们吧"，这显然是荒唐的。

但是能分辨出大多数人接受的行为方式中的谬误，这正是投资获得巨大成功的要诀之一。

问：作为投资者，您在职业生涯中学到的最重要的一课是什么？

答：你紧张兮兮地想着今天买入，明天就卖出，这是最为糟糕的情况。这是一种"小赢"的策略倾向。如果你是真正的长期投资者，那么你的收益实际上会大得多。

我曾经的一个早期客户说，"没有人会因为收获盈利而破产"，这句话是对的，但同时也非常不现实。

你收获盈利的确是不会破产，可是这里面有个前提，就是你做的每件事都能盈利，而在投资这门生意里，这是不可能的，因为你迟早会犯错。

有意思的是，我看到很多人自认为他们是长期投资者，却依然在他们最喜欢的股票上，做着买进卖出的游戏而浑然不觉。

问： 巴菲特曾经说他的投资哲学85%来自格雷厄姆，15%来自您。格雷厄姆与您之间的区别是什么？

答： 投资有两种基本的方法。一种就是格雷厄姆所倡导的，它的本质是找到极其便宜的股票，这种方法基本上可以避免遭遇大跌。他会用财务安全来保证这一点，也许会出现下跌，但是不会深跌，而且迟早价值会使其回归。

我的方法则是找到真正的好公司——价格也不太贵，而且它的未来会有非常大的成长。这种方法的优点是大部分我的股票在相对短的时间内就会有所表现。尽管有的可能需要几年的时间才会启动，判断错误在所难免。如果一只股票真的很不寻常，那么它在短时间内也会有可能大幅上涨。

格雷厄姆曾经讲过，他的方法的劣势是这个方法实在是太好了，以至于实际上人人知晓，他们都会用该法则挑选股票。

我不想说我的方法就是投资成功的唯一法则，但是我想，说这话可能有点儿自负，"成长投资"这个词在我开始投资事业之前还没人知道呢。

第六节　菲利普·A.费雪的经典语录与相关著作

费雪的儿子肯（Ken）曾经说，他父亲的投资理论简单到只需要用两三页就能说完，可要掌握它们就像演奏与编曲之间的差异一样，前者是窍门，而后者是艺术。

在十几年的时间中，费雪发现的成长股也不过十几只，几乎一年只能挖掘一只。他说："我不愿将时间浪费在微薄的利润上，我追求的是巨额回报，并为此做好了长期等待的准备。"

一、菲利普·A.费雪的经典语录

1. 你紧张兮兮地想着今天买入，明天就卖出，这是最为糟糕的情况。这是一种"小赢"的策略倾向。如果你是真正的长期投资者，那么你的收益实际上会大得多。

2. 核心股票应该都是低成本的生产商，在行业中应该是世界级的领导者，或者是完全符合我的其他标准。它们现在应该拥有有前途的新产品，而且有超越平均的管理水平。

3. 认识一家公司的管理有点儿像婚姻：你要真正了解一个女孩，就必须和她生活到一起。在某种程度上，你要真正了解一家公司的管理，也需要和它生活在一起。

4. 真正的成功不是要做一个100%的逆向投资者。当城市中的人们看到新式汽车将淘汰老式街车的时候，有人会想，"既然没人愿意买老式街车的股票，那我就买它们吧"，这显然是荒唐的。但是能分辨出大多数人接受的行为方式中的谬误，这正是投资获得巨大成功的要诀之一。

5. 投资不是一场竞赛，而是一场长期的旅程，关键是保持稳健的步伐和心态。

6. 投资者应该保持谦逊和学习态度，不断吸收新的知识和经验。

7. 风险管理是投资的核心，控制风险才能确保长期的成功。

8. 深入研究和理解所投资的公司，是取得投资成功的关键。

9. 投资者应该像企业家一样思考，关注公司的未来发展和潜力。

10. 成功的投资需要独立思考和行动，不被市场情绪左右。

11. 真正的投资在于发现未来可能的机会，而不仅仅是追逐眼前的热门。

12. 股票市场最吸引人之处，是长期投资的机会。

二、菲利普·A.费雪的相关著作

1.《怎样选择成长股》(Common Stocks and Uncommon Profits)

- 作者：[美]菲利普·A.费雪 (Philips A.Fisher)

- 出版时间：1958年

2.《股市投资致富之道：投资大师费雪教你怎样炒股》(Paths to

Wealth through Common Stocks)

- 作者：[美] 菲利普·A. 费雪 (Philips A.Fisher)

- 出版时间：1960 年

3.《保守型投资者安枕无忧》(*Conservative Investors Sleep Well*)

- 作者：[美] 菲利普·A. 费雪 (Philips A.Fisher)

- 出版时间：1975 年

4.《财务分析研究基础》(*The Financial Analysts Research Foundation*)

- 作者：[美] 菲利普·A. 费雪 (Philips A.Fisher)

- 出版时间：1980 年

第三章

戴维斯家族的投资家

——谢尔比·库洛姆·戴维斯
（Shelby Cullom Davis，1909—1994年）

— 人物卡片 —

第一代

姓　　　名：谢尔比·库洛姆·戴维斯（Shelby Cullom Davis）（老戴维斯）

出生日期：1909年4月1日　　　　国　　籍：美国

生　　肖：鸡　　　　　　　　　　星　　座：白羊座

学　　历：普林斯顿大学学士，哥伦比亚大学硕士，日内瓦大学博士。学习研究领域包括国际政治、历史、会计、证券

职　　业：投资家、谢尔比·库洛姆·戴维斯公司首席执行官（Shelby Cullom Davis & Company CEO）

成就与贡献：被誉为最伟大的家族投资家。戴维斯在1947年38岁时以5万美元起家，直到85岁去世，47年间赚取了9亿美元（18000倍），平均年化投资回报率高达23.18%。

人物特点：拥有卓越的投资能力、长达半个世纪的长期投资视野、独特的投资策略、成功的家族传承及低调务实的性格，还包括乐观和节俭的生活态度。

第二代

姓　　　名：谢尔比·摩尔·库洛姆·戴维斯（Shelby Moore Cullom Davis）（大戴维斯）

出生日期：1937年　　　　　　　　国　　籍：美国

生　　肖：牛　　　　　　　　　　星　　座：暂未知

学　　历：普林斯顿大学，与老戴维斯一样学习历史、会计、证券

职　　　业：投资家、戴维斯精选顾问公司创始人、戴维斯UWC奖学金联合创办人及慈善家

成就与贡献：1969年开始经营戴维斯纽约创投基金（Davis New York Venture Fund）。30年投资累计回报75倍，是标普500指数的两倍。《纽约时报》称他为"传奇基金经理"，《金钱》杂志称他为"传奇"，《财务顾问》杂志称他为"传奇人物"，《吉普林格个人理财》杂志称他为"传奇投资者"。

人物特点：勤奋好学，谨慎理性，具有长远眼光，善于从错误中反思学习。他不仅继承了家族的投资智慧，还通过自己的努力和实践将家族的事业推向了新的高度。

第三代

姓　　　名：克里斯·戴维斯（Cris Davis）
　　　　　　安德鲁·戴维斯（Andrew Davis）（小戴维斯）

出生日期：20世纪60年代　　　　　国　　籍：美国

生　　　肖：暂未知　　　　　　　　星　　座：暂未知

学　　　历：克里斯于苏格兰攻读神学学士学位、哲学硕士学位。安德鲁在科尔比学院攻读经济学和商学双学位

职　　　业：克里斯掌管戴维斯精选顾问公司，是成功的基金经理，管理资产超过470亿美元

成就与贡献：1995—2013年，在克里斯的领导下，掌管的基金实现了年化11.95%的复利回报，而同期标普指数的表现仅为7.61%。1992—2013年，安德鲁管理的增值收益基金实现了年平均8.99%的回报率，而同期标普500指数的回报率仅为6.8%。

人物特点：谢尔比的儿子们具有独立性强、早熟的金融意识、谨慎的投资态度、家族传统的承袭及全面的素质教育等特点。这些特点使得他们在投资领域和其他方面都有着不俗的

表现和潜力。

第一节　45年资产增长1.8万倍的戴维斯家族

时至今日，巴菲特独孤求败问鼎投资界，然而其子女却无一人继承其衣钵。在投资史上，祖孙三代都是金融投资家的例子并不多见。例如，欧文·卡恩家族，欧文·卡恩与其儿子和孙子共同在卡恩兄弟公司任职，还有著名的成长股投资大家菲利普·A.费雪，他的儿子也从事职业投资。如果要说哪个家族祖孙三代都是以职业做金融为生的，恐怕非戴维斯家族莫属。

在投资领域中，可以说戴维斯家族三代人的故事就是美国大半个世纪资本市场的故事。

回望戴维斯家族的投资征程，他们的金融活动开始于20世纪40年代，那时绝大多数美国人不敢持有股票。然而，历史的轨迹显示，股市的起伏与经济状况的好坏并不总是步调一致。股市崩溃之际，经济可能依旧稳健；而股市繁荣之时，经济现实或许依然严峻。

1932—1935年，美国失业现象严重，每4名可雇佣劳工中就有一人失去工作，同时，公司利润普遍下滑。1932年甚至出现了道琼斯成分股公司整体亏损的情况，这也是整个20世纪中唯一一次净利润为负的年份。然而，令人意想不到的是，华尔街却展现出前所未有的盈利能力：道琼斯工业指数从41.2点飙升至160点，创下了历史新高。

在往后的岁月中，戴维斯家族跨越了两轮如火如荼的牛市，经历了25次市场的调整。他们顽强地撑过了两次腥风血雨的熊市、一次惊天动地的市场崩盘、七次市场小幅下跌，以及九次经济衰退。他们目睹了第二次世界大战的硝烟四起、冷战期间的剑拔弩张、人类首次征服月球的震撼瞬间、石油危机带来的经济冲击及"漂亮50"(Nifty Fifty)的辉煌与陨落，更有政治舞台上总统的暗杀、黯然辞职与遭受弹劾等一幕幕历史大戏。

在这漫长而波澜壮阔的34年利率上升和随后18年利率下行的金融浪潮中，戴维斯家族以不屈的精神打破了"富不过三代"的魔咒。他们坚如磐石，无论经济如何风云变幻，还是股市如何波涛汹涌，在华尔街这片金融战场上屹立了长达半个世纪。但每一次辉煌的背后，都隐藏着无数日夜的坚守与不懈。人们往往只看到了他们表面的成功，却忽略了那份岁月沉淀的坚韧和默默无闻的拼搏。

一、第一代"股神"老戴维斯：横扫全球保险股

戴维斯家族的投资史始于1909年出生的谢尔比·库洛姆·戴维斯。据说，他的祖先是从"五月花"号船登陆美国的最早一批移民。这一年，老戴维斯出生于美国伊利诺伊河沿岸的工商业城市皮奥里亚的一个普通家庭。

在这过去三年（1906—1909年）里，旧金山地震火灾重创市场，道琼斯工业指数暴跌32%，华尔街陷入恐慌。金融巨头J.P.摩根（其祖先于17世纪初在新大陆的淘金浪潮中移民美国，后J.P.摩

根又背靠美国工业大发展时期一跃成为美国金融巨头,影响至今)挺身而出,联手其他金融家筹集资金,注入市场流动性,稳定股价,重振投资者信心,力挽美国银行体系于狂澜。

在老戴维斯的孩提时代,他们一家主要依赖租赁商铺作为稳定的收入来源,这份收入保证了戴维斯一家的生活,让他们衣食无忧。乔治·戴维斯,即老戴维斯的父亲,不仅深深热爱着文学创作,更在金融与投资的广阔天地里游刃有余。这样的成长背景,对老戴维斯日后投身投资领域产生了不可磨灭的影响。

尽管没有确凿的文献证明乔治·戴维斯曾对儿子进行过系统的金融指导,但不难想象,在家庭的温馨聚会中,金融与投资常常是热议的焦点。老戴维斯的童年岁月,不仅锻造了他独立自主的精神,更培育了他坚韧不拔的意志,这些难能可贵的品质无疑为他日后的投资事业奠定了坚实的基础。

在老戴维斯生活的年代里,美国的铁路事业飞速发展,由此也吸引了大批外国投资者。然而,美国铁路建设发行的债券在经济萧条与其他危机情况下,跌得比兔子跑得还快,这给外资上了沉重的一课,就像20世纪末外资追捧新兴的亚洲市场一样,资本市场就是这么残酷。

1924年,美国金融畅销书《作为长期投资的普通股》开始流行,而学生时代的老戴维斯对经济和金融毫无兴趣。1928年,老戴维斯从普林斯顿大学历史系毕业后,他在游学欧洲的途中遇见自己一生的伴侣和贵人——费城名门之女凯瑟琳·沃瑟曼。1930年两人返回纽约，在哥伦比亚大学双双获得硕士学位。

1932年，老戴维斯与凯瑟琳完婚，此时道琼斯工业指数在底部盘桓，跌至41.2点。新婚的年轻夫妇乘坐邮轮于欧洲故地重游，并在瑞士日内瓦大学攻读政治学博士学位。此时的老戴维斯也在哥伦比亚广播公司任职。

1934年，拥有博士学位的老戴维斯夫妇回到纽约。然而，20世纪30年代是美国经济史上的低谷期，工人生产萎靡，公司销售惨淡，民众生活水平大幅下降。相较于此前任何一个10年，这一时期都显得尤为糟糕，商品和服务供给显著缩减，而这并非仅仅因为消费者数量的减少，还更多地反映了经济整体已深陷困境。由于在媒体界看不到前景，最终老戴维斯接受凯瑟琳哥哥比尔的邀请，成为一名统计员。

作为比尔投资公司的统计员及新基金的场外团队成员，老戴维斯奔波于全国各地乃至世界各国，探寻那些具有潜力和前景的股票。他重点跟踪了航空、汽车、铁路和橡胶等关键行业。在1937年牛市结束时，性格完全不同的老戴维斯和比尔分道扬镳。

1937年熊市之际，老戴维斯与出版商签约，探究大萧条成因及其持久原因，并提出恢复策略。这位历史迷开始深入研究经济。1938年年底，他向出版商提交了手稿《面向40年代的美国》，该书出版后反响热烈，广受好评。这本书的写作令老戴维斯必须直面股市的本质，为他日后的投资生涯打下了良好的基础。此时，纽约州州长共和党总统候选人托马斯·E.杜威邀请老戴维斯担任其演讲撰稿人和经济顾问。1940年杜威落选后，老戴维斯被聘为《大事件》杂志金融编辑。

1944年，杜威州长为了回报老戴维斯的顾问工作，提名他担任州保险司副司长。正是这一职位，让老戴维斯发掘了他人生中的大金矿，即"母脉"——保险行业。在纽约州政府的保险部门，老戴维斯负责审查各家保险公司提交给政府的财务报告，这项工作让他深入了解了保险行业的运作。在整整四年的时间里，他潜心研究这些报告，积累了丰富的行业经验。

老戴维斯积极倡导保险公司在投资组合中增加股票配置，减少债券比例。尽管他的建议并未立即带来显著的收益提升，但他的远见卓识在日后得到了验证。此外，他在纽约证券交易所持有的席位，也为他未来在权益投资领域的发展奠定了间接基础。

每个时代都有其独特的热门投资品种，然而这些所谓的明星投资最终往往让盲目追随者陷入困境。20世纪20年代末，股票曾是市场的璀璨明星，但到了20世纪40年代后期，历史的车轮转向，债券开始崭露头角，成为新的市场宠儿。随后的34年里，从杜鲁门时代到里根时代，债券经历了漫长的熊市。而老戴维斯乐观积极的心态让他不再关注过去，而是更加专注未来。

1947年，38岁的老戴维斯辞职"下海"，从妻子凯瑟琳那里借了 5 万美元，成为一名全职的保险行业股票的探路者。此时，老戴维斯还追随了格雷厄姆，并成为纽约分析师协会的一员。此时的格雷厄姆肩负着将股票分析从一种粗放的技艺提升为一门严肃的科学的历史性使命。

他的这一举动并非全然无私，因为他希望能在这样一个专业群体中拓展自己的业务。那时的证券分析师在华尔街的社会地位并不高，他们通常收入有限，处于较低的阶层，被称为"三低人群"。

在以后的岁月里，老戴维斯取胜的关键是逆向投资，当大众向右的时候，老戴维斯向左。老戴维斯喜欢购买具有节约精神管理层公司的股票，他们使用投资人的钱如同使用自己家的钱一样节省。更值得一提的是，老戴维斯是天生的乐观主义者，这对投资者来说是很宝贵的品质。对精通历史的他来说，历史的周期一直在循环，因此，他能看透大萧条指向更远的未来。

经历大萧条之后，美国股票市场估值变得极为诱人，道琼斯工业指数的市盈率一度跌至 9.6 倍。众多保险公司的市场价值远低于其持有的债券、按揭贷款等优质金融资产的实际价值。同时，美国保险业伴随着经济的逐渐复苏，展现出了强劲的成长潜力。新家庭如雨后春笋般涌现，推动了人寿保险、房屋保险及汽车保险等险种的迅猛增长。

老戴维斯敏锐地捕捉到这个行业的低估值及即将到来的巨大

成长空间，他果断地大量购入美国保险公司的股票，并且巧妙地运用了最高限度的财务杠杆。不过老戴维斯的杠杆率并不高，仅为50%，这恰好是美国所允许的最大融资额度；同时，融资所产生的利息还能在一定程度上抵扣税收。

随后的10年，保险行业迎来高速发展的黄金时期，保险公司的市盈率也随市场情绪的提振而攀升。盈利能力的增强与市盈率的提升相得益彰，这正是蜚声投资界的"戴维斯双击"效应的完美演绎。在杠杆效应的加持下，老戴维斯的财富以惊人的速度累积。

到20世纪60年代，道琼斯工业指数已经相较1947年老戴维斯开始投资时上涨了5倍，而老戴维斯的保险公司股票同期上涨了200倍。这时，老戴维斯觉得美国保险公司估值不再有吸引力，于是把目光投向日本。调研后，老戴维斯果断大举买入了日本保险公司的股票，这让老戴维斯不但再一次上演了"戴维斯双击"，还分散了以后美元贬值的风险。可以说，老戴维斯赶上了美国和日本两个市场最繁荣的几十年，并上了杠杆，而且几个牛熊市场交替，他几乎一股未卖。天时地利人和，恐怕很难有人可以复制老戴维斯的投资战绩了。

关于如何投资保险股，老戴维斯需要深入了解行业中普遍采用的会计方法。在确定某家公司确实盈利之后，他将关注点转向公司的资产配置，目标是构建一个能够实现复利增长的投资组合。在此过程中，他将可靠的资产，如政府债券、按揭贷款和蓝筹股，与风险较高的资产进行区分。同时，老戴维斯在研究公司财报后，会关注管理层，与他们交流，详细询问首席执行官（CEO）关于公司销售、理赔、竞争策略及新客户获取等全方位情况。

曾经，一家表面上颇具吸引力的保险公司引起了他的投资兴趣。但在他对该公司的投资组合进行深入剖析后，惊讶地发现其充斥着大量的高风险垃圾债券。基于此，他果断地放弃了投资计划。没过多久，由于高风险垃圾债券发生违约，那家保险公司陷入困境，最终走向破产。然而，他凭借及时的决策调整得以幸免，未受任何损失。这次事件再次印证了他谨慎投资策略的明智之处。

说来颇具讽刺意味，盖可保险公司在投资界是众所周知的，它既是巴菲特的成名之作，也是戴维斯家族的滑铁卢。20世纪70年代，盖可保险公司任命了新的总裁佩克，然而这一决策却使公司走上了歧途。佩克偏离了公司原本的经营方向，背离了低成本和低索赔的经营原则，开始向非体系内的人员提供保险服务。这一战略转变导致公司遭受了巨额亏损，股票价格也从每股42美元的高位暴跌至每股4.8美元。老戴维斯在事前对总裁的这一系列行动毫不知情，为此他感到极度愤慨，并决定抛售手中股票。这无疑给戴维斯家族带来了沉重的财务打击，老戴维斯也在失望中离开了公司。

与此同时，人们观察到另一位投资大师的举动。当盖可保险公司的股票价格跌至每股2美元附近时，巴菲特果断出手，在每股 2.125 美元时买入了 50 万股,并且公开承诺未来还会增持更多股份。这一举动充分展示了他的投资眼光与魄力。

进入投资生涯的晚期,老戴维斯打破了原来的行业偏好,开始广泛涉猎多个领域并进行投资。与格雷厄姆在晚年从广泛投资转向专注于特定行业不同,老戴维斯选择了一条相反的路,即从专注于保险行业转向了多元化投资。虽然他们的投资路径截然不同,但最终都取得了卓越的成就。这恰恰证明了,无论是坚持专注还是选择分散,都有可能成就投资大师,关键在于个人对事物发展本质规律的把握。

1987 年,由于宏观经济失衡(股市泡沫)、金融衍生品和程序化交易(金融技术创新)的影响,以及全球金融市场的联动效应等因素的共同作用,股市崩盘,使投资者陷入了巨大的恐慌之中。市场动荡不安,许多人纷纷抛售股票以规避风险。然而,在这场金融风暴中,老戴维斯却大幅加仓,抢入"便宜货"。谁让他天生患有"恐惧免疫症"呢!

1994 年,老戴维斯离世时,他留下的资产已接近 9 亿美元。老戴维斯几乎将所有的投资都聚焦于保险股。在他最青睐的 12 只股票(这些股票也为他带来了最大的财富增长)中有 11 只是保险股,其中就包括现今声名显赫的伯克希尔·哈撒韦公司。

回顾老戴维斯的财富生涯,可划分为三个鲜明的阶段:学习、积累财富和回馈社会。他的学习阶段一直延续到 40 岁有余,而积累财富的阶段则从 40 岁开始，一直持续到 70 岁，甚至接近 80 岁。至此，他逐渐将重心转向回馈社会，深思熟虑如何将自己毕生积累的财富悉数捐赠给那些有幸成为受赠者的人们。

二、第二代"股神"大戴维斯：主攻银行业战场

大戴维斯诞生于 1937 年，被老戴维斯赋予了与自己相同的名字，为便于叙述，以下称其为"谢尔比"。谢尔比的成长轨迹与其父如出一辙，他追随父亲的脚步，就读于劳伦斯维尔高中与普林斯顿大学，专攻历史专业。毕业后，他没有选择闲适，而是毅然踏入华尔街，进入纽约银行研究部，担任股票分析师。

当时，这一行业尚未广为人知，对公司的研究往往仅限于理论层面。然而，对于自幼便随父亲会见各大保险公司 CEO 的谢尔比来说，单纯的理论分析显然无法满足他的求知欲。他热衷于深入调研与实地考察，身体力行地探求真相。在那个上市公司尚未普遍设立投资者关系部门的时代，年仅 22 岁的谢尔比就已在调研过程中与各大公司的 CEO 进行面对面的深度对话。

纵观整个 20 世纪，股市历经了三大牛市与两大熊市的交替。在这起伏之间，还穿插了一些中场调整和复苏阶段。三大牛市分别涌现于 1910—1929 年、1949—1969 年，以及 1982 年至今。

这些长达 20 年的股市上扬，均得益于美国经济的蓬勃发展、科技的不断进步、公司盈利的稳步提升，以及股票估值的大幅增长。同时，消费者因手中的可支配收入增加，消费意愿也愈发强烈。

而两大熊市则分别出现在1929—1932年和1970—1974年期间。

在这两个时段内，股市长期积累的财富大多遭受重创。尤其对那些投资热门行业中领军股票的投资者来说，损失尤为惨重。更为糟糕的是，由于投资者通常习惯于在股市上涨时持续买入，根据历史经验，许多小额投资者在市场的波动中反而变得更加贫穷。尽管通过基金进行投资被普遍视为比直接购买股票更为稳妥，但实际上，基金的平均业绩往往与个股表现相仿，有时甚至更差。

1965年圣诞节，谢尔比从银行辞职，与另外两位合伙人携手创立了一只基金，专注于投资高科技股票。与父亲老戴维斯相比，谢尔比面临的投资环境截然不同。老戴维斯当初涉足投资领域时，股票市场充斥着低估值的优质资产。然而，当谢尔比踏入市场时，多年的牛市已使得许多股票估值偏高（详见上文关于20世纪美股牛熊周期的概述）。当时，"漂亮50"风潮盛行，科技股成为市场热点，尤其是名称中带有"数据"或"系统"的公司备受追捧。

正所谓"时来天地皆同力"，谢尔比的基金在成立第一年便取得了令人羡慕的25.3%的回报率，因此受到了《机构投资者》和《商业周刊》等杂志的专访。回忆起那段时光，谢尔比坦言："当时我们觉得自己简直就是投资天才。"面对高估值的股票，他坚信，只要是好公司，即使其股票价值被高估，也依然是值得投资的好公司。到了1969年，谢尔比又接手了一只陷入困境的基金——纽约风险基金（New York Venture Fund），准备迎接新的挑战。也正是这一年，人生多彩的老戴维斯出任美国驻瑞士大使。

然而，幸福的时光并未持续太久。1969—1970年，美国科技股经历了一场剧烈的暴跌，谢尔比的基金于1970年一年内惨跌21.1%。但不幸并未就此止步。接踵而至的1973—1974年，一系列重大事件，如尼克松政府的垮台、美元贬值，以及石油禁运导致的油价飙升（从每桶6美元激增至23美元），使得市盈率高达30倍的美国股市陷入了恐慌。这场风暴引发了自经济大萧条以来美国股市最严重的一次暴跌。

截至1974年年底，美国股市的市盈率急剧回落至7.5倍水平，而那些曾经风靡一时的"漂亮50"股票平均跌幅更是高达43.6%。尽管谢尔比的基金在这段动荡时期内已大幅减仓，持有高达30%的现金，但这段经历仍然给谢尔比带来了深刻的教训：即便是一家优质公司，如果在估值过高时购入其股票，那么可能会遭受巨大损失。自此以后，谢尔比摒弃了对投资者期望值过高的股票的追捧，转而专注于增长稳定且估值合理的股票。

谢尔比的投资策略是专注于发掘价值被低估且具有稳定成长潜力的股票，而非盲目追逐高价位的快速成长股。他特别偏爱银行业，将其作为他的主要投资领域。最初，纽约风险基金的资产规模仅有几百万美元，但在谢尔比长达 20 余年的精心运作及第三代管理团队的共同努力下，到 2014 年 3 月底，其管理的资产已激增至惊人的 236 亿美元。谢尔比掌管纽约风险基金长达 28 年，其中有 16 年战胜标普 500 指数，累计收益 37.9 倍；年化复利回报 19.9%，超越同时期标普 500 指数 4.7%。

1988 年，谢尔比因其卓越表现脱颖而出，荣获《福布斯》杂志颁发的"最佳共同基金经理"殊荣。同年，老戴维斯也以 3.7 亿美元的雄厚资产成功入选《福布斯》美国富豪榜。

三、"股神"后继有人：第三代子承父业，坚持低换手率

谢尔比自幼深受父亲熏陶，投资经验与理念在父亲的悉心教导下根植于心。他的童年记忆里，财务报表与股票知识如影随形。更值得一提的是，谢尔比还曾在父亲身边兼职，亲身实践投资之道。

然而，老戴维斯曾告诫儿子谢尔比："只需将会计作为副业，以兼职的心态去学习即可。相反，历史才是你必须深入研究的学科，因为历史能够拓宽你的视野。唯有在宏大的历史背景下，你才能形成独特的见解，真正做到标新立异。"的确，纵横金融市场，其实首先考验的就是人本身宽阔的视野和"点子"（对有效信息的获取和判断）。

谢尔比育有三个孩子——安德鲁（小戴维斯）、克里斯和维克多利亚，他们均出生于 20 世纪 60 年代。同样地，谢尔比从小

就非常重视培养孩子们对投资的兴趣，因此在他们小学时期，便引导他们接触金融世界，为他们开设了银行账户，并给予每人一笔小额资金用于投资股票。

为了让孩子们更深入地了解投资，谢尔比还让三个孩子在自家的基金里兼职担任股票分析师，每完成一份研究报告，他便会奖励他们100美元。在谢尔比家的餐桌上，与别家父子闲谈球赛不同，他们热衷的话题是股票市场的动态与投资策略。

在青少年时期，克里斯和安德鲁深入了解了复利的神奇力量和"72法则"，这一法则是对戴维斯家族投资金律起到了重要的补充作用。而克里斯更是在年少时，就在爷爷的办公室里开始了他的兼职生涯。

大学毕业后，与克里斯丰富而曲折的经历不同，安德鲁先后在波士顿和纽约的金融机构工作，迅速成为这些机构的骨干。克里斯则是历经多重人生探索：崇拜卡斯特罗（菲德尔·卡斯特罗是古巴革命的领导者，他推翻了独裁政权，建立了社会主义古巴）、考虑成为兽医或牧师。最终，他选择追随父亲大戴维斯的脚步，经波士顿银行培训后，进入纽约的一家小型投资公司工作，之后进入了祖父老戴维斯的公司工作。维克多利亚最终没有选择金融行业。

20世纪90年代，克里斯和安德鲁最终都进入了谢尔比的基金公司。1991年，谢尔比将戴维斯基金的帅印逐渐移交给克里斯，他也专门设立了房地产基金和可转换债基金让安德鲁管理。1994年，老戴维斯临终时，谢尔比守候在床边，紧握父亲的手，陪伴他平静地走完了人生最后一程。

戴维斯家族始终恪守一项家族规则：任何家族成员在接管家族生意之前，必须先在其他公司历练。这一规定不仅让继承者亲身体验了财富积累的艰辛与不易，更确保了他们能够在接管家族事业时，深刻理解并珍视家族传承的价值与精神。

在克里斯的投资组合中，金融类股票占据了相当大的比重，诸如富国银行、伯克希尔·哈撒韦公司和纽约梅隆银行等，其中不少股票是他的父亲谢尔比长期持有的。在投资策略上，克里斯倾向于将资金集中在几个领域，他特别偏爱多元金融、保险、银行和食品零售等传统行业。同时，克里斯也密切关注以谷歌为代表的高科技行业。

值得注意的是，克里斯所管理的基金换手率极低，仅为7.2%，远低于美国共同基金60%~80%的年平均换手率，这使得基金的交易成本较低，而且避免了频繁换股导致的高额资本利得税。1995—2013年，在克里斯的领导下，家族第三代所掌管的基金实现了年化11.95%的复利回报，而同期标普500指数的表现仅为7.61%。

虽然安德鲁与克里斯的投资风格迥异，但他的投资业绩同样出色。1992—2013年，安德鲁管理的增值收益基金实现了年平均

8.99% 的回报率，而同期标普 500 指数的回报率仅为 6.8%。

时至今日，谢尔比已功成身退，他的事业由克里斯顺利继承。克里斯不负众望，成了华尔街声名显赫的基金经理，延续着戴维斯家族的荣耀与传统。备受巴菲特赞誉的作家约翰·博格，在其名著《长赢投资》中提及："在 1970 年至 2005 年期间，仅有 3 只基金在激烈的竞争中脱颖而出，连续 35 年实现了每年超越市场 2 个百分点以上的收益率，而戴维斯基金便是其中之一。"值得一提的是，在此之前，克里斯已经执掌戴维斯基金长达 14 年。投资大师霍华德·马克斯的大作《投资最重要的事》注释版里，克里斯就是受邀为书做评注的几位投资大家之一。

第二节　戴维斯双击（双杀）

对于在股市投资中总是感到不安的家庭而言，戴维斯家族树立了一个非凡的典范，他们将长期投资的理念薪火相传了三代。在这漫长的岁月里，无论家境殷实还是清贫，无论市场繁荣还是低迷，他们都始终如一地坚守着自己的投资策略。与他们如今享有的财富相比，过去的艰难时光早已显得微不足道；与他们历经多年累积的资本成果相比，当初微薄的薪水收入也已黯然失色。

正是凭借着对保险类股票的深耕持有，戴维斯家族取得的成就已经远超业内大多数的专家。这充分彰显了长期投资与专注策略的卓越力量，也反映了美国经济的稳健增长和市场环境的有利条件。

20世纪40年代末，当时道琼斯工业指数陷入停滞，华尔街对保险股票不屑一顾时，老戴维斯独具慧眼，开始以低廉的价格悄然买入。直至1965年，当市场终于认识到保险行业的潜力时，保险股的业绩已翻了4番。此时，其他投资者需要支付高于之前3倍的价格才能获得这些股票。正是这种利润增长与市盈率上升的双重效应，催生了"戴维斯双击（Davis Double Play）"的巨额收益。

在投资领域，"戴维斯双击"这一术语赫赫有名，它来自老戴维斯的发现与发明。众所周知，股价（Price）= 市盈率（PE）× 每股收益（EPS）。这里，股价由每股收益与市盈率共同决定，而市场在不同阶段会赋予不同的估值水平。对于同一投资标的，熊市中投资者可能仅愿给予10倍甚至更低的市盈率，而在牛市中，他们或许乐意接受20倍甚至更高的估值。当市场陷入疯狂阶段时，投资者或许会对30倍，甚至更高的估值水平漠不关心。

"戴维斯双击"策略的核心在于精准捕捉市场低迷期的机遇，专门寻找每股收益和市盈率均处于较低水平的股票。在预测到公司盈利即将迎来上升拐点时果断买入，静待股市情绪回暖。随着公司盈利能力的提升和市场情绪的改善，市盈率与每股收益将同步上扬，从而推动股价实现快速上涨。

相反，"戴维斯双杀（Davis Double Kill）"则是在市场过度狂热时出现的负面效应。这时，投资者可能会盲目购入市盈率虚高且每股收益已达峰值的股票。然而，一旦市场气氛转弱，公司业绩开始下滑，市盈率和每股收益将会同时下降，最终导致股价大跌，给投资者带来沉重损失。

以 1950 年为例，当时保险公司的市盈率仅 4 倍。老戴维斯独具慧眼，用 4000 美元购入了 1000 股某家保险公司的股票，每股盈利初始为 1 美元。他坚守至每股盈利激增至 8 美元。随着市场情绪的高涨，大众争相涌入，推高了市盈率至 18 倍。股价因此飙升至 144 美元，他的初始投资瞬间增值至 144000 美元，获利高达 36 倍！

要实现"戴维斯双击"，关键在于精准把握买卖时机，并深入挖掘企业的内在增长潜力。老戴维斯专挑那些盈利稳健、资产优质且管理层出色的企业，他通过估算企业被收购的潜在价值来确定其真正价值，并在市场低迷时低价购入，静待市场回暖后高价抛出。只要公司盈利的能力不减，他就会紧紧握有股票，坐享长期增长的红利。

简而言之，"戴维斯双击"是在熊市中购买低市盈率、低盈利的股票，等待行情转暖，享受公司盈利增长及市盈率提升的双重收益；"戴维斯双杀"是当一个公司业绩下滑时，每股收益就会下降，同时市场给予股指下降，最终导致公司股价以相乘的倍数下跌。

第三节 "72法则"

戴维斯的"72法则"犹如魔法般揭示了投资的奥秘，它告诉投资者，基于不同的回报率，投资本金需要多久才能翻上一番。

想象一下，如果投资者选择了稳健的债券投资，那么回报率就像听从指挥的小兵，可预测且稳定；但如果投资者跃入股市的海洋，那么回报率就变得如海底的珍珠，只能依据线索去探寻、去推测。

一旦捕获到那个神秘的回报率数字（比方说10%、20%），就用72这个魔法数字除以它。比如，若发现了10%的回报率，则72除以10等于7.2，这就意味着，静静等待7.2年后，你的投资将会翻倍。而如果幸运地碰到了20%的回报率，那么仅需3.6年，投资者的财富就会翻上一番。

在老戴维斯的传奇投资生涯中，他保持了惊人的年化23%的回报率，这一成绩持续超过40年！

再来想象一下，如果投资者的投资以20%的复利持续增长18年，那会是什么样的景象？当初的10万美元，将如同滚雪球般膨胀成惊人的320万美元；而25万美元，则会变成令人咋舌的800万美元！这就是复利的魔力，也是"72法则"带给人们的启示。

第四节 祖孙三代的10项基本投资原则

历经半个多世纪的沉淀，戴维斯家族一直秉持"长期投资，铸就传世财富"的核心理念。通过长达50年的不断探索、磨砺与完善，他们创立了独树一帜的"戴维斯战略"。在这一战略体系中，有10条恒定不变的基本原则，成为家族投资成功的基石。现在，就让我们一同来探寻这10条戴维斯家族的投资金律吧！

一、避开廉价股

廉价股之所以廉价，很多时候是因为公司多是平庸的公司。一个平庸的公司想要成长为一个出色的公司，这是一个漫长的过程，其中会充满很多的不确定性，投资就是要避开这些不确定性。

戴维斯家族并非像格雷厄姆那样专注于寻找"捡烟蒂"式的深度价值投资机会。在评估一个公司的估值之前，他们首要的任务是判断这家公司是否具有值得投资的优秀品质。

而大部分廉价股大概率只值这个价钱，因为他们公司本身就平庸，而他们的CEO会预测好时机何时到来，公司业绩可能会恢复，但这只是一种假设，充满不确定性。"即使能够恢复业绩，"谢尔比说，"花费的时间也常常会超出任何人的预期。只有受虐狂才会喜欢这类投资。"

二、避开高价股

价格昂贵的股票或许物有所值，但其安全边际不足，一旦基本面有任何程度的恶化，容易遭遇"戴维斯双杀"。而一旦其价格下跌，投资者就不得不面临无情的数学公式：如果一只股票的价格下跌 50%，那么它要回到收支平衡点，就必须上涨 100%。

三、以合理的价格购买平缓增长的公司股票

戴维斯家族独具慧眼，能够发掘出"隐藏的宝藏"，尤其是公司成长率高于市盈率，成长潜力巨大的股票。这些公司或许在名声上并不显赫，但它们的盈利能力却堪比行业巨头，如微软。这些股票以低廉的价格入市，却能带来惊人的投资回报。戴维斯家族投资的 AIG 公司，正是这样一个典型的例证。

四、等待合理价格的出现

发现有潜力的股票之后，如果估值不合理，那么就需要耐心等待。一旦出现某种原因遭受投资者抛售，但这些因素不影响股票的长期基本面，那么此时就要果断出手。就像老戴维斯过去常说的："熊市能使投资者发大财，但他们在那时却没有意识到这一点。"

20 世纪 80 年代，美国房地产市场的低迷波及了银行业，这为谢尔比提供了购入花旗银行和富国银行股票的契机。而 20 世纪 90 年代初，克林顿政府推行的具有误导性的医疗改革项目引发了医药股的下跌。在此期间，像默克、辉瑞制药和礼来公司这样的一流制药企业的股价大幅下滑，降幅达 40%~50%。富有远见的谢尔比和克里斯早就在上述三家优秀企业中布局投资。

每家公司都可能遭遇自己的熊市时刻，无论是漏油事故、集体诉讼，还是产品召回等负面事件，都可能导致股价的暂时下跌。

然而，这些挫折往往为投资者提供了难得的买入机会。当然，这需要投资者确信这些不利因素只是暂时的，并不会对公司的长期发展构成实质性威胁。

五、顺势而为，拥抱科技进步

尽管戴维斯家族的财富主要源于保险、银行等被视为"永恒"的传统行业，但他们依然看好科技股。谢尔比早期投资的互联网股票就为他带来了可观的盈利。只要发现有股价合理、实际收益稳健且具有全球化发展潜力的高科技企业，他都会毫不犹豫地购入其股票。自20世纪80年代中期以来，他一直持有IBM的股票。此外，他还投资了应用材料公司的股票。

六、主题投资

需要有自己熟悉、理解透彻的行业，并从其中选择有安全边际的公司进行投资，这就是自己的主题投资。

从微观入手的投资者专注于挖掘具有潜力的公司，他们看重的是公司的发展前景，无论是深耕石油钻探，还是快餐连锁，只要有发展机会，他们都会果断出手。而宏观入手的投资者则更注重宏观经济形势的分析，他们会先洞察哪些行业即将崛起，再从中精挑细选具体的投资标的。

谢尔比的投资策略是微观宏观一起分析来探寻市场的"主旋律"。很多时候，这些主旋律都显而易见。20世纪70年代，高通货膨胀成为时代的主题。谢尔比的风险基金敏锐地投向了石油、天然气、铝等大宗商品相关企业，因为这些企业在物价飙升的背景下依然能够保持盈利。

进入20世纪80年代，美联储成功遏制通货膨胀的迹象开始显现。谢尔比迅速捕捉到了新的市场主题——物价下降和利率下滑。基于此，他减少了硬资产的配置，转而增持金融资产，特别是银行、经纪和保险公司的股票，因为这些行业将从利率下行中获益。谢尔比将高达40%的基金资产投入金融机构，精准地把握了它们快速发展的机遇。尽管这些"隐形成长股"的增速不及微软等科技巨头，但回报依然令人满意。

到了20世纪90年代，谢尔比和克里斯又捕捉到了一个新的市场主题：婴儿潮一代的老龄化。随着这一代富裕人群的逐渐老去，药品、保健和疗养行业迎来了发展机遇。在药品股经历一轮飙升后，谢尔比开始静待下一次的入场时机。

七、让盈利的股票持续复利增长

统计数据显示，普通基金的年换手率通常高达90%，然而谢尔比的基金换手率却仅为15%，这显示出其投资策略的稳健与长远眼光。更为引人注目的是，老戴维斯自投资伊始直至退休，他持有的那十几只核心股票几乎从未易手，即便是历经数次熊市的洗礼也依旧坚守。值得一提的是，他购买的12只主要股票，初始成本仅为15万美元，然而到1992年，这些股票的价值已飙升至2610万美元。倘若老戴维斯在获利后便匆匆离场，那么他绝不可能书写下将5万美元增值至9亿美元的传奇故事。

在谢尔比年幼时，老戴维斯就曾多次告诫他，"择时"是徒劳无功的。谢尔比也将这个宝贵的忠告传承给了下一代的克里斯和安德鲁。他深知，投资的成功不在于追求短暂的时机，而在于长期的价值坚守。谢尔比曾说道："当我们以低于价值的折扣买入股票时，我们有信心长期持有。"他坚信，股票最终会以合理的价格卖出，但即便市场波动，他们也有足够的耐心等待股票的持续成长。这种以价值为基础的投资理念，正是他们家族投资成功的关键。

在这里要说明的是戴维斯家族所处的正是美国经济与股市整体腾飞的时代，也就是天时地利（被动）人和（自身的智慧，主动）共振才有的结果，一旦条件发生改变，成功就存在极大的不确定性，因此不能刻舟求剑。

八、投资卓越的管理层

在投资之前，和菲利普·A.费雪一样，戴维斯家族必定会对目标企业进行尽职调查。"任何一家公司要获得成功，优秀的管理是至关重要的，这是华尔街公认的真理，但是一般的分析报告总是忽略这一点。"克里斯说，"分析师总是喜欢讨论最新的数据，但是对我们而言，如果没有事先评定公司领导人，我们绝不会购买任何股票。"

如果一位杰出的领导人离开原公司转职他处，谢尔比会毫不犹豫地跟随其脚步，将资金投入该新公司，因为他深信这位经理人的卓越才能。当杰克·格伦霍夫从富国银行转任第一银行时，谢尔比迅速行动，购买了第一银行的股票。同样地，当哈维·格鲁布加盟美国运通公司时，他也立刻入手了运通公司的股票。这种基于对人才的信任而做出的投资决策，正是谢尔比的独特投资哲学。

九、永远向前看，而不是向后

许多人在分析宏观经济、公司和行业时，常常简单地将过去与现在连成一条直线，并据此推测未来。然而，这种预测方式存在严重问题，因为历史从不会一成不变地重演。华尔街的沧桑历程深刻地说明，历史从不会一成不变地重现。以下是一些鲜明的例证。

1929年大萧条后的25年里，投资者对股票市场避而远之，因为他们误以为1929年的灾难会迅速重演，但事实并非如此。

第二次世界大战结束后，投资者对股票敬而远之，因为他们认为经济萧条是战争的必然产物，但这种担忧并未成真。20世纪70年代后半叶，投资者再次回避股市，因为他们担心会再次经历1973—1974年的熊市，然而历史并未重演。在1979年，谢尔比曾写道："当前，许多投资者过度防备那些我们认为极不可能再次出现的严重经济衰退。"1988—1989年，投资者因担心1987年的经济崩溃再次发生而远离股市，但他们的担忧并未实现。

一种观点是"只有公司盈利增长，股价才会上涨"。实际情况却是，即使公司盈利下滑，股票也可能表现良好。另一种观点是"高通货膨胀率会对股票构成威胁"。但20世纪50年代初的通货膨胀并未对股票市场造成实质性影响。还有一种误解，认为"购买股票是对抗通货膨胀的最佳方式"。然而，20世纪70年代初的经验却表明这一观点并不总是正确的。

十、坚持到底

"以1年、3年甚至5年的时间看，股票是危险的，但是放眼10年、15年却是不同的景象，我们一直在重申，我们在跑马拉松。"当然，前提是在宏观经济和微观经济（该企业股票）都处于共振上升阶段，可以参考"六、主题投资"。

第五节　戴维斯家族的相关著作

《戴维斯王朝》(*Davis Dynasty*)

- 作者：[美]约翰·罗斯柴尔德 (John Rothchild)
- 出版时间：2012年

第四章

无与伦比的真正投资家

——沃伦·巴菲特
（Warren Buffett，1930年—）

— 人物卡片 —

姓　　　名：沃伦·巴菲特（Warren Buffett）
出 生 日 期：1930年8月30日　　　国　　　籍：美国
星　　　座：处女座　　　　　　　　生　　　肖：马
学　　　历：哥伦比亚大学商学院学士
职　　　业：企业家、投资家、慈善家，伯克希尔·哈撒韦公司（Berkshire Hathaway）董事长兼CEO
成就与贡献：被誉为"现代证券之父"和"股神"，也被尊称为"奥马哈的先知"和"奥马哈的圣贤"，在美国还被誉为"除了父亲之外最值得尊敬的男人"。他不仅是一位伟大的资本家，同时他的投资策略和成功经验对全球投资者产生了深远的影响。他的价值投资理念和简单原则被广泛研究和模仿，成了许多投资者追求的投资哲学。巴菲特通过伯克希尔·哈撒韦公司实现了惊人的财富积累，并以其对慈善事业的慷慨捐赠而闻名，承诺将其大部分财富捐赠给慈善事业，并成了比尔和梅琳达·盖茨基金会（Bill & Melinda Gates Foundation）的主要捐赠者之一。他致力于改善全球弱势群体的生活条件，关注教育、医疗和减贫等领域。
人物特点：巴菲特智商高、情商高，且非常谦虚，有惊人的记忆力和数学天赋。他凭借超凡的投资眼光、深入的分析能力、独立思考及勤奋与自律，能够精准识别潜力公司，做出准确可靠的投资决策，并不断提升自己的投资能力和知识水平。

第一节　从小极具投资意识

在当今不断发展变化的全球金融和投资领域，像沃伦·巴菲特一样长久表现出众的人如凤毛麟角。巴菲特在青少年时期就表现出不同常人的"商业头脑"。

1930年8月30日，巴菲特出生于美国内布拉斯加州的奥马哈市。这个时间，美国处于大萧条时期。在巴菲特一岁半左右时，他的父亲（股票经纪人，后成为共和党的国会议员）不幸失业，母亲精神崩溃，甚至开始虐待自己的孩子们。

不过后来在谈及自己成功时，巴菲特一直都毫不犹豫地提醒大家，他的成功很大程度上归因于出生在正确的时间、正确的地点，他称之为"中了卵巢彩票"。他说："我实在算得上是这个世界上极其幸运的人，我是1930年出生的，我出生在美国的概率只有2%。从出生的那一天起，我就中了大奖，我出生在美国而不是其他国家，否则我面临的机遇将截然不同。"

4岁时，巴菲特就开始尝试自己人生第一次创业。他没有和别人一样挨家挨户卖口香糖，而是选择在邻居家的停车道上卖柠檬水。六七岁时，他每天凌晨四点半便骑上自行车，开始挨家挨户地送报纸，连早饭都顾不上吃，即便是圣诞节也不例外。

巴菲特的爷爷经营着一家杂货店，小时候也让他做了很多苦力，有一次爷爷雇佣他和他的朋友铲雪，不料那天刚好遇到暴风雪，积雪很深，他们不辞辛劳地铲了5小时才完成任务，结果爷爷讨价还价，最后只以每小时20美分给他们付了报酬。

不知道是否因为此次经历，让成功后的巴菲特说出那句经典名言："人生就像滚雪球，重要的是发现够湿的雪和一面够长的山坡。如果你找到正确的雪地，雪球自然就会滚起来，我就是如此。所谓滚雪球，我并不仅仅指赚钱，在认识世界、结交朋友的时候也是如此。"

在4到10岁期间，巴菲特就凭借聪明的头脑尝试过多种创业项目。除了家里经济条件有限的原因外，他天生渴望成功。因此，他暗自下定决心，自己这一生绝不做苦力活。而这些经历的磨砺，也为他追求财富和美好生活的梦想提供了更大的动力。到了10岁那年，巴菲特已经清楚自己长大后想要成为一名企业家。

自幼年起，巴菲特的父亲便向他灌输节俭与理财的观念，同时也激发了他对股票浓厚的兴趣。巴菲特时常跑到父亲的办公室，仔细观察那些股票和债券的单据，甚至还曾担任过小小抄写员，负责将股票的报价书写在黑板上。

巴菲特10岁那年，有幸随父亲前往纽约参观纽约证券交易所，并有机会拜访高盛公司的掌舵人西德尼·温伯格（Sidney Weinberg）。在温伯格的询问下，他毫不犹豫地回答自己最喜欢的股票是城市设施公司（Cities Service Company）。

巴菲特从小便展现出对数字的非凡敏感与惊人的记忆力，他热衷于参与各类与数字相关的游戏，诸如统计车牌号码、字母出现频率及城市人口数量等。此外，他还酷爱阅读各类财经书籍与杂志，如《财富》《福布斯》《华尔街日报》等。

尤为值得一提的是，他最钟爱的书是《一千种致富之道》（*One Thousand Ways to Make $1000*）。该书让他深刻领悟到复利的威力及资本积累的重要性。

1941 年，11 岁的巴菲特用 114 美元购买了他人生中的第一只股票——三股城市设施公司优先股，每股 38 美元。后来这只股票的股价跌到了 27 美元/股，他没有卖出，而是等到股价回升到 40 美元时才抛出，赚了 6 美元的利润。但是，他很快就后悔了，因为这只股票后来涨到了 200 美元/股。市场给他上了重要一课，让他深刻认识到耐心的重要性。

巴菲特自小野心就很大，12 岁时就发誓要在 35 岁之前成为百万富翁："如果成不了百万富翁，我就从奥马哈最高的楼上跳下去。"那时的 100 万美元相当于现在的 1800 万美元。饥渴和创业驱动力是巴菲特重要的个人特质。

1942 年，巴菲特的父亲霍华德·巴菲特代表共和党当选国会议员（巴菲特的合伙人芒格就是他父亲介绍的），议会代表团分派他到金融委员会工作，于是巴菲特的父亲放弃了自己的证券公司，举家搬迁至华盛顿。初中时期，巴菲特又利用课余时间做报童、推销杂志，月收入达到了当时一个标准白领的收入。

他来到华盛顿时身上只有 120 美元，当他离开时已经赚了 1 万美元，这可是 1943 年的 1 万美元。

初中刚毕业，15 岁的巴菲特便用自己炒股赚的 1200 美元在拉斯维加斯州买了一块 40 亩的农场，成为了一个"小地主"。正因为小时候的炒股经验，锻造出巴菲特决定长线投资的心态。巴菲特选择投资标的物时，从来不会把自己当作市场分析师去预测，而是把自己视为企业经营者。

高中时，他又与朋友成立了公司，合伙将成本为 25 美元的弹子球游戏机出租给理发店老板，挣取外快。直到上大学前，才以 1000 美元的价格将该公司转手卖出。

1947 年，巴菲特高中毕业，进入宾夕法尼亚大学攻读财务和商业管理。后期对巴菲特事业上帮助最大的莫过于他此时加入的阿尔法·西格玛·斐兄弟会（Alpha Sigma Phi Fraternity）。该会的成员大部分是政界、商界、体育、演艺界的名人，通过这个同学会组织，他建立了自己的利益关系网。

然而，巴菲特认为宾夕法尼亚大学教授们的空头理论不过瘾，两年后转学到内布拉斯加大学林肯分校，在那里，他仅用一年的时间就成功获得了经济学学士学位。这所学校在 U.S. News 的全美大学排名中名列第 151 位，而宾夕法尼亚大学则在全美大学排名中名列第 7 位。

在校期间，他还担任了《林肯周报》的管理者，负责监督分布在6个县城的50名报童的每日送报工作。此外,他还创立了"巴菲特高尔夫球公司",致力于高尔夫球的销售。

青少年时期,巴菲特就孜孜不倦地阅读各类投资书籍,学习技术分析,研究怎么赚钱。1949年,格雷厄姆的《聪明的投资者》第一版出版,彼时的巴菲特还在内布拉斯加大学读大四,当他偶遇这本书后,猛然顿悟:原来这才是真正的投资之道,这绝对是最伟大的投资书。这本书深刻影响了巴菲特的投资哲学,他从中收获了三条至关重要的投资原则——内在价值、安全边际和"市场先生"。

原本,巴菲特怀揣着梦想申请哈佛大学,却遗憾地被拒之门外。于是在完成本科学业后,巴菲特搬到了纽约,考入哥伦比亚大学商学院,拜于著名的投资学理论学家本杰明·格雷厄姆门下。格雷厄姆反对投机,他主张投资者应深入分析企业的盈利状况、资产情况及未来前景等多重因素,以此来准确评价股票的价值。

巴菲特刚满20岁,就有机会拜访盖可保险公司的创始人戴维(Davy),因为这家保险公司的主席是自己的老师格雷厄姆。这是巴菲特第一次接触保险行业。在2007年的一次采访中,巴菲特回忆道,和戴维的沟通比在大学学到的东西还要多。后来巴菲特收购了这家保险公司,同时,巴菲特和戴维维持了一生的友谊。

巴菲特此行之前就与几位保险专家进行过交流,而这些专家都认为盖可保险公司估值过高，但巴菲特从格雷厄姆那里学到一个真理：你既不会因为大众同意你而正确，也不会因为大众反对你而错误。一切以事实为根据，而不是大众的看法。

在20世纪50年代，即第二次世界大战之后，当时的美国长辈们普遍对未来持悲观态度，包括格雷厄姆在内的许多人都认为股票价格过高，不宜投资。然而，巴菲特却持不同见解，他对自己国家的未来充满信心，甚至不惜向银行借款500美元来购买股票。此外，他还将自己认为最安全的股票（其中就包括他一直青睐的盖可保险公司的股票）推荐给自己最亲近的人。

20岁的巴菲特就把自己一半的资产都投资了盖可保险公司股票。1年后，盖可保险公司的股票上涨了48%，巴菲特将股票全部卖出，获得了可观的短期收益。然而，如果他能长期持有这些股票，到1971年其价值将达到130万美元。

这段时期，美国股市正处于大萧条后的复苏初期，涌现出大量"格雷厄姆"式的低价值股票。在此后的10年里，巴菲特始终坚守格雷厄姆的投资理念与原则。而盖可保险公司正是他验证价值投资法则的第一只股票。当然，他自身的好学精神、扎实的投资基础及独立思考的能力，都是其成功的关键因素。

1951年，21岁的巴菲特获得了哥伦比亚大学经济学硕士学位。毕业时，他获得A+的最高成绩。

巴菲特在1951年获得硕士学位后，求职无果，又搬回了老家奥马哈市，并在他父亲的金融公司巴菲特·福尔克公司担任证券经纪人（1948 年 11 月，霍华德·巴菲特再次竞选失败，重新回到以前的公司，但是在他当议员期间，他的合作伙伴卡尔·福克已经控制了公司客户，并且没有兴趣和霍华德分享），还在内布拉斯加大学奥马哈分校兼职教授投资课程。那时的研究生在美国属于精英阶层，巴菲特本人也曾公开说过，因为自己的研究生身份当时瞧不起没有读过书的人。

霍华德自从离开华盛顿之后，出资建立了巴菲特-巴菲特父子公司（当时父子公司、兄弟公司极多，较为有名的有所罗门兄弟公司），并倾心培养巴菲特独立经营公司的能力。在父亲的支持下，他每天的工作就是阅读穆迪公司的各种手册，向周边的亲朋好友兜售股票。

1952 年，巴菲特与妹妹大学舍友苏珊·汤普森（苏珊一开始并不喜欢巴菲特，但巴菲特通过才华和坚持最终打动了苏珊）喜为连理，且他们的父母是多年老友。某日，巴菲特顺道拜访苏珊并向她求婚，苏珊为此毅然离校，与他共筑爱巢。值得一提的是，巴菲特夫人成长的地方距离巴菲特现在的家仅有一个半街区。苏珊积极参与政治的行为对巴菲特也产生了深刻影响。不过，自 1977 年两人便开始分居，苏珊搬去旧金山追求自己的歌唱梦想，直到 2004 年离世。

1954 年，在为父亲工作两年后，巴菲特接到了格雷厄姆的电话，询问他是否有意加入其团队。巴菲特未询问薪资，便即刻搭乘最近一班飞机前往，急切之情尽显，这足以表明他对格雷厄姆的深深敬仰与崇拜。

然而，尽管格雷厄姆非常认可巴菲特的才智，但二人的关系并非亲密无间。其中的缘由，一部分归咎于格雷厄姆内敛的性格，他自称一生未尝拥有挚友；另一部分则源于格雷厄姆广泛的生活爱好与兴趣，如对歌剧、诗歌等投入精力过多，投资在他心中并非全部，甚至亦非最重要之事，加上彼时他对投资盈利已不似往昔那般热衷。

在格雷厄姆的公司，巴菲特的主要职责是寻找那些股价低于每股净营运资产2/3的股票，并将其呈报给老师，以决定是否购入及确定购入数量。但可可豆套利事件（巴菲特在可可豆事件中，通过敏锐的商业洞察力，不仅执行了格雷厄姆套利操作赚取差价，还独立思考并预见到股票价格可能上涨，选择持有股票，最终获得了远超套利差价的丰厚回报）揭示了巴菲特并非盲目追随格雷厄姆，而是具备独立思考与自主意识。因此，他们的分歧逐渐加大。

师徒二人，格雷厄姆显得过于消极保守，或许是因为曾经的伤痛太深，而巴菲特则无此思想负担，因此，两人时常因意见不合而争执。但此期间，巴菲特的能力已隐约超越其师。

第二节 投资之路正式启航

1956年，在与导师共同工作两年后，巴菲特满怀激情地回到了他深爱的奥马哈市，并在此创立了自己的公司。他邀请了包括岳父、姐姐、姨妈及大学同学在内的 7 位投资人，共同成立了一只合伙基金。首批募集的资金达到了 10.5 万美元，而巴菲特本人也象征性地投资了 100 美元。

巴菲特的收费模式相当独特，他只在基金盈利超过 4% 时才收取费用，并且只收取盈利的一半。更令人钦佩的是，他承诺如果基金出现亏损，他将从自己下一年的利润分成中扣除 25% 作为赔偿。

基金运营两年后，巴菲特凭借出色的投资能力赚取了一定的财富，并在奥马哈市购置了一处房产，当时的购买价格为 3.15 万美元，按照今天的价值估算，相当于 30 多万美元。尽管后来巴菲特成为世界上最富有的人之一，他却一直选择居住在这座充满回忆的房子里，从未搬离。

1957 年，年仅 27 岁的巴菲特创立了非约束性的巴菲特投资俱乐部，起初掌管的资金规模便达到了 30 万美元，并且到年末时这一数字已成功增长至 50 万美元。这一年，尽管美国股市下跌，巴菲特的三个合伙公司却逆势盈利。

同年，美国股市经历回调之后，自 1958 年 3 月起，迎来了一波持续近两年的牛市行情。具体而言，道琼斯工业指数自 1958 年 3 月后，连续上涨 10 个月，直至同年 12 月，期间每个月均收阳。道琼斯工业指数上涨 38.5%，巴菲特 5 家合伙企业收益区间为 36.7%~46.2%。巴菲特对在牛市中获得了与市场持平或者稍好的业绩表示满意。

1959 年上半年，市场表现同样令人振奋。在前 7 个月，仅 1959 年 3 月出现轻微下跌，跌幅为 1.8 点（0.30%），以及 1959 年 6 月微跌 0.19 点（0.03%）。整体而言，道琼斯工业指数在这 17 个月的时间里实现了 53% 的显著涨幅。

1958 年的牛市是巴菲特自独立踏入股市以来首次遇到的单边上涨行情。在 1958 年致合伙人的信中，他写道："用'亢奋'（Exuberant）一词来形容 1958 年的股票市场，最为贴切。"但年仅 28 岁的他却展现出了超越自身年龄的洞察力和判断力。

由于这波大牛市的吸引，美国投资者纷纷涌入股市。然而，在巴菲特看来，这些新涌入且性情多变的投资者之所以选择此时进入，无非是想借股市上涨之势快速获利。一旦股市的赚钱效应减弱，这些躁动的新投资者必将撤离。

尽管巴菲特无法预测这些投资者会在股市中停留多久，但可以确定的是，他们停留的时间越长，推高股价的幅度就越大，那么当他们撤离时，股价的回落也会更加显著。而且，当市场出现下跌时，那些原本低估值的股票也会随大盘一同下滑。

1959 年，在奥马哈俱乐部的包房里，巴菲特认识了他日后的黄金搭档——查理·芒格（Charlie Munger）。午餐结束，客人离席后，二人依然在桌边兴致勃勃地交谈。巴菲特曾评价芒格："比你更聪明、更智慧，还能在漫漫长路结伴同游时，不断给你带来快乐的人。"可见芒格完全满足了巴菲特对于合伙人的一切幻想。

1962年，巴菲特将几个合伙人企业合并成一个"巴菲特合伙人有限公司"，其业务迁至基维特大厦，一个功能齐全但并不宏伟的办公室，最小投资额扩大到10万美元，这有点儿像中国的私募基金或私人投资公司。其资本达到了720万美元，其中有100万美元是属于巴菲特个人的。那时候的100万美元大约相当于今天的900万美元。

同年12月，巴菲特开始投资于一家名为伯克希尔·哈撒韦的纺织制造公司，此时股价才7.5美元/股，巴菲特经过测算，公司每股所代表的企业运营价值大概是16.5美元，股价被严重低估，当前7.5美元/股的价格简直就是白菜价。随即，他便开始买入伯克希尔·哈撒韦的股票。然而，伯克希尔·哈撒韦的主业是纺织业，而纺织业利润低，所以股价也便宜，且其并不是一家很优质的企业。两年后，股价并无起色。

伯克希尔·哈撒韦公司的历史可以追溯到19世纪。最初，它是两家分别位于罗德岛和新贝德福德的纺织厂，即伯克希尔纺织公司和哈撒韦制造公司。这两家公司在经历了多年的合作与竞争后，于1955年正式合并，取名为伯克希尔·哈撒韦公司。然而，合并后的公司并未迎来转机，反而因纺织业的衰落而陷入困境。

1964年5月，伯克希尔·哈撒韦公司的董事长向巴菲特提出了收购其手中该公司股份的邀约，双方初步商定的价格是每股11.5美元。然而，令人意想不到的是，在最后关头，这位董事长单方面故意将每股的收购价格压低了0.125美元。

这一行为激怒了巴菲特，他一气之下开始大量收购伯克希尔·哈撒韦的股票，最终竟成了公司的大股东。这就是人们常说的"炒股炒成大股东"，而这一幕就发生在巴菲特身上。然而，伯克希尔·哈撒韦公司作为纺织行业中的企业，属于夕阳产业，发展潜力有限。这次冲动投资让巴菲特亏损了不少。

这次失败的投资让巴菲特开始深刻反思自己的投资策略。他开始质疑恩师格雷厄姆的"买价要低"的策略是否完全正确。巴菲特逐渐意识到，格雷厄姆的时代是经历过大萧条、破产过的时代。因此，格雷厄姆虽然是一代宗师，但在新的环境下显得有些束手束脚，不太敢相信个人的感觉，总是过分依赖数字和策略理论来做出判断。

失败使得巴菲特开始有了新的思考：以合适价格买入一个优秀的公司远胜于以优惠价格买入一个普通的公司，价值投资首先追求优秀的公司，其次才是寻找合适的买点。

1964年，巴菲特的个人财富达到400万美元，而此时他掌管的资金已高达2200万美元。

1965年，巴菲特通过他自己的合伙公司，控股了伯克希尔·哈撒韦公司，尽管他努力尝试拯救纺织业务，但最终还是于1985年关闭了它的纺织业务，将重心转向投资和收购其他具有持续竞争优势的公司。就这样，一家濒临破产的纺织制造公司将在未来的时光摇身一变成为全球顶级的投资帝国。

1966年春，美国股市呈现出一片繁荣景象，许多股票价格飙升，市场充满了乐观情绪。然而，在这种普遍看好的市场环境下，巴菲特却感到了不安。尽管他持有的股票价格也在飞涨，但他发现市场上很难找到符合他投资标准的廉价股票了。

1967年10月，巴菲特掌管的资金达到6500万美元。

1967年，巴菲特首次涉足保险业务。当时，他通过伯克希尔·哈撒韦公司收购了一家名为国民诱因（National Indemnity）的财产险公司和一家名为国民火灾（National Fire & Marine）的火灾险公司。这两家公司都由杰克·林沃尔特（Jack Ringwalt）经营，他是一位精明而节俭的保险人。

巴菲特对保险业务产生了浓厚兴趣，主要基于两大原因：首先，保费作为一种低成本的资金来源，为投资其他高价值项目提供了可能，这在业界被称为"浮存金"（Float）；其次，保险业务具有稳定的盈利能力，只要保险人能够精准评估风险并合理定价保费，便有望实现"承保利润"（Underwriting Profit）。

1968年，巴菲特公司的股票取得了其历史上最好的成绩：增长了46%，而道琼斯工业指数则增长了9%。同年5月，正值股市高歌猛进之际，巴菲特却向合伙人宣布了他的隐退决定。此后，他逐步清算了巴菲特合伙人公司所持有的几乎所有股票。

自1956年涉足私募基金领域，直至1968年年底，并于1969年年初彻底解散基金。纵观这13年的运作周期，不难发现，无论市场指数如何波动，巴菲特的合伙基金收益率始终保持增长态势。最终，他为合伙人实现了25.3%的费后复合回报，而他自己也获得了极为丰厚的收益，具体见表4.1。在宣布解散基金之际，他的个人财富已累积至2650万美元，按购买力折算，相当于中国现今的26亿元以上。

表4.1 巴菲特私募基金1957—1968年收益表

年份	道琼斯工业指数/%	合伙基金累积收益/%	合伙人实际累积收益/%
1957	-8.4	10.4	9.3
1957—1958	26.9	55.6	44.5
1957—1959	52.3	95.9	74.7
1957—1960	42.9	140.6	107.2
1957—1961	74.9	251.0	181.6
1957—1962	61.6	299.8	215.1
1957—1963	94.9	545.5	311.2
1957—1964	131.3	608.7	402.9
1957—1965	164.1	943.2	588.5
1957—1966	122.9	1156.0	704.2
1957—1967	165.3	1606.9	932.6

续表

年份	道琼斯工业指数 /%	合伙基金累积收益 /%	合伙人实际累积收益 /%
1957—1968	185.7	2610.6	1403.5
平均年化收益	9.1	31.6	25.3

不得不感叹，和巴菲特做朋友的感觉有多好，有才又有财，开心又开窍！

第三节　传奇金融商业帝国

1969年6月起，股市风云突变，逐渐演变成了一场股灾，至1970年5月，每种股票的价格都较上年初大幅下降，跌幅高达50%，甚至更多。

1970—1974年，美国股市萎靡不振，犹如泄气的皮球，毫无生机。持续的通货膨胀与低增长使得美国经济陷入了"滞胀"的困境。然而，在这段艰难时期，巴菲特却暗自窃喜，尽管他也曾一度感到失落。因为他预见到财源即将汹涌而至——他发现了众多价格低廉的股票。

之前说到巴菲特解散了自己的合伙基金，其实之后他将更多精力投入伯克希尔·哈撒韦公司的运营和投资中。他利用浮存金（即保险公司收取的保费在赔付之前的闲置资金）进行投资，进一步扩大了伯克希尔·哈撒韦公司的规模和影响力。

1972年，巴菲特开始在"漂亮50"以外的股票中寻找价值洼地，买入了加州水利服务公司、史密斯菲尔德公民银行、信托公司和通用汽车等多只股票。同时，他又将目光投向了报刊业，因为他意识到，拥有一家知名报刊就像掌控了一座收费的桥梁，任何过往的行人都需留下买路钱。

自1973年起，他悄然在股市上逐步收购《波士顿环球》和《华盛顿邮报》的股份。他的介入使得《华盛顿邮报》的利润大幅增长，年平均增长率达到了35%。10年之后，巴菲特当初投资的1000万美元已增值至两亿美元。

在当时这样的经济环境下，盖可保险公司管理层为扩大规模，采取了错误的保单定价策略，导致重大损失。1973年股灾中，盖可保险公司股价暴跌超96%。错误决策致股价极低，巴菲特发现了投资机会。在盖可保险公司的股价跌到2美元左右时，巴菲特去拜访了盖可保险公司的总裁拜恩，他认为错误可挽回，需调整战略并聘任合适的CEO。他找到了约翰·伯恩担任新CEO。

1976年，巴菲特与伯恩深谈后，认可其能力并大笔买入盖可保险公司股份。在1980—1990年的10年间，伯克希尔·哈撒韦公司在盖可保险公司的投资收益增长了约10倍，年均收益率约为27%。这一收益率远高于同期市场的平均水平。

1980年秋天，巴菲特以每股10.96美元的价格，斥资1.2亿美元购入了可口可乐公司7%的股份。到了1985年，可口可乐公司调整了经营策略，开始将资金回笼并投入饮料生产之中。这一转变成效显著，其股票单价攀升至51.5美元，较巴菲特购入时翻了近5倍。至于他从中赚取的利润，其数额之大足以让全球的投资家感到震惊。

在巴菲特眼中，可口可乐公司无疑是一个值得投资的"优质企业"。以下是他看好可口可乐公司的几个关键理由。

首先，可口可乐的品牌价值无可估量。即便有人拥有100亿美元，能够买下可口可乐的所有渠道、生产线、厂房和设备，却也无法重建一个"可口可乐"这样的品牌。巴菲特自1935年起就开始享用可口可乐，直到1988年，这家公司终于赢得了他的青睐，这充分证明了可口可乐品牌护城河的宽广与坚实。

其次，巴菲特的投资哲学是"利润率至上，而非规模"。他更倾向于投资那些注重利润率提升而非盲目扩张规模的公司。这就像选择包子时，人们更愿意选择馅多皮不变的，而不是体积大一倍但馅量不变的。同样，公司运营也应如此，与其盲目扩大规模而忽略利润率，不如打造一个精简高效、利润率出色、运营稳健的盈利强企。在巴菲特投资前，从1984—1987年，可口可乐全球销量增长了34%，利润率也从22%提升至27%，实现了规模与利润的均衡发展。

再次，公司新任CEO利用剩余资金回购股票，这是一个积极的信号。这表明该公司认为当前股价被低估，未来有上涨潜力，因此选择回购自家股票。

最后，价格因素也不容忽视。1987年，可口可乐公司股价较之前最高点下跌了25%，市盈率仅为13倍。但考虑到其盈利能力的显著增长，购买可口可乐公司股票就如同以折扣价购入一辆宝马。

综上所述，他投资可口可乐及其他多数公司的策略就是：低价买入，果断出手，重视利润率而非规模，并寻求拥有宽广品牌"护城河"的企业。好的企业如挺拔的树木，当然这需要国运作为基础土壤。

1987年，巴菲特投资7亿美元购买所罗门可转换优先股，期望获得稳定的收益。然而，所罗门因非法操纵国债而陷入困境，巴菲特不得不亲自出马担任临时董事长，并投入大量精力来拯救这家公司。尽管最终所罗门得以保存，但巴菲特为此付出了巨大的代价。巴菲特认为他为了9%的回报付出如此大的精力得不偿失，并从此更加重视对企业管理层的调查。

1989年，巴菲特斥资3.58亿美元购买了美国航空公司的可转换优先股，期望在航空业复苏中获利。然而，航空业竞争激烈且受油价波动影响大，美国航空公司的股价持续下跌。巴菲特的投资被深度套牢并最终损失惨重。1998年，他依靠英国航空的注资才得以解套离场，并总结这次投资失败的原因主要是贪图便宜和草率决策。

1991年7月5日，比尔·盖茨的父母邀请巴菲特到家中做客。

起初，盖茨对巴菲特抱有反感，甚至拒绝见面，讽刺地说："那个老家伙不过是买卖纸片而已。"然而，他最终还是去见了巴菲特。事后，盖茨回忆道，他非常享受与巴菲特的交流，因为巴菲特不仅幽默风趣，而且对世界有着清晰的认知。

1992年年中，巴菲特以约74美元/股的价格购入了美国高技术国防工业公司——通用动力公司的435万股股票，到年底股价上升到113美元/股。

通用动力公司是一家知名的军工企业，负责为军方提供导弹系统、防空系统、航天飞船等重要装备。在20世纪90年代初，随着冷战的结束和全球政治格局的变化，美国国防预算经历了大幅调整，这对通用动力等军工企业产生了显著影响。1991年，通用动力公司的股价跌至约19美元/股，这是10年内的最低点。这一低谷为公司股价的后续反弹提供了空间。

1994年年底，伯克希尔·哈撒韦公司已经发展成为一个拥有230亿美元资产的商业王国。它早已超越了纺织制造公司的范畴，转变为巴菲特旗下庞大的投资金融集团。

1998年，巴菲特收购通用再保险公司并增发伯克希尔·哈撒韦公司新股。不过，通用再保险公司在收购后遭遇了巨额赔偿和欺诈事件，导致损失惨重。特别是在2001年的"9·11"事件中损失了17亿美元，进一步加剧了伯克希尔·哈撒韦公司的财务压力。巴菲特对这次投资表示严重怀疑，并失去了对通用再保险公司及其首席执行官的信心。这次失败让巴菲特更加重视对企业管理层的调查和风险管理。

1999年,巴菲特涉足能源业务。他通过伯克希尔·哈撒韦公司收购了一家名为中美洲能源(MidAmerican Energy)的电力公司。这家公司由一位才华横溢且具有远见卓识的能源专家大卫·索科尔(David Sokol)负责运营。

巴菲特对能源业务产生浓厚兴趣的原因主要有两点。首先,能源需求具有稳定性和持续性,它不受经济周期波动或消费者偏好变化的影响,这为投资提供了可靠的长期回报预期。其次,能源行业具有较高的准入门槛和严格的监管壁垒,这有助于形成较强的竞争优势和定价权,从而保障投资者的利益。

因此,能源业务和铁路运输业务成了巴菲特投资帝国中相对较新且规模较大的重要组成部分。能源业务主要为客户提供电力、天然气、水力等能源服务,并通过收取电费、天然气费等实现收入。而铁路运输业务则专注于为客户提供货物或人员的铁路运输服务,并通过收取运费或票价来获得收入。

后来,巴菲特通过伯克希尔·哈撒韦公司在2003年4月以1.6~1.7港元/股的价格开始买入中国石油H股,最终成为中国石油的第二大股东。此次共计支出约4.88亿美元购入中石油港股股票。他从2007年7月12日开始,以约12港元/股的价格分批减持中石油股票,直到10月19日,将持有的中石油股票全部清仓。巴菲特通过这笔投资赚取了巨额利润。据不同来源的报道，其投资收益为35亿~40亿美元，投资回报率高达700%~800%（或说赚了近40亿美元，投资回报高达8倍）。这一投资成果被公认为巴菲特投资生涯中的经典案例之一。

当时，巴菲特认为中石油的估值远低于国际同类公司，具有较大的投资吸引力。他看好中国石油行业的发展前景，认为随着全球经济的发展和能源需求的增加，中石油的盈利能力有望持续提升。另外，对中石油的管理层给予高度信任，认为他们有能力带领公司不断发展壮大。

1999年，正值互联网泡沫的高峰时期，巴菲特在一次会议上向投资者发出了冷静的提醒。他坚信股市此时存在着泡沫，不可能持续保持如此高增长的态势。他指出，人们的投机心态已经过于狂热，企业的实际利润和经济状况与股市的狂热表现之间表现出严重的不匹配。

尽管巴菲特承认互联网终将改变世界，带来深远的影响，但他也清醒地认识到，历史上的类似情况并不总是带来理想的投资回报。他回顾了20世纪初期的汽车和航空业，这两个行业在当时也经历了飞速的发展，但鲜有人能够从这两个行业的股票上赚到钱。

巴菲特的观点体现了他一贯的理性投资理念，即投资应该基于企业的基本面和长期价值，而不是短期的市场狂热或投机心态。

他的提醒旨在警示投资者不要盲目追涨，要保持冷静和理性，以免在股市泡沫破裂时遭受重大损失。

2000年3月，巴菲特成为RCA注册分析师公会荣誉会长。自2000年开始，巴菲特通过网上拍卖的方式，为格莱德基金会募款。底价5万美元起拍，以获得与巴菲特共进晚餐的机会。

2006年6月，巴菲特决定将自己的大部分财富捐赠给比尔·盖茨基金会，声称这是最好的选择，因为比尔·盖茨夫妇年轻、积极、聪明、能力超群，能把事情干成。同年8月30日，巴菲特76岁生日当天，他和自己的保姆艾丝翠·孟克斯结婚了。

2006年10月，巴菲特的股价再创新高，股价高达10万美元，伯克希尔·哈撒韦公司市值突破1600亿美元。

巴菲特在2006—2010年不断买入乐购超市的股票，但随后乐购爆出财务造假丑闻，其股价暴跌。其原因是乐购的管理层在长期成功后变得懈怠且未能及时适应市场变化，而导致业绩下滑。此外，巴菲特对管理层心态和消费者意向的变化掌握不足也加剧了投资失败的风险。巴菲特承认对乐购的投资是一个重大错误并在后来降低了持股比例以避免进一步损失。

有成功，也有失败，这些失败案例说明，即使像巴菲特这样的投资大师也会犯错。然而，从这些失败中汲取教训并不断优化投资策略，是巴菲特能够持续成功的关键所在。

2008 年，金融危机爆发，在雷曼兄弟轰然倒下、悲观弥漫时，巴菲特在《纽约时报》发表文章《我正在购买美国》。该文章中提到："我遵循一条简单的原则，别人恐惧时贪婪，别人贪婪时恐惧，显然，此时此刻，恐惧正在蔓延。"

尽管巴菲特事后承认，出手依然太早了，但巴菲特对美国的未来充满信心。危机之时，他购买了很多陷入困境的公司，比如高盛和通用电气，这种勇气为他带来数十亿美元的回报。

2008 年，在全球经济危机的大背景下，巴菲特的黄金搭档查理·芒格向巴菲特推荐了中国比亚迪公司。当时比亚迪港股的股价从 70 多港元/股跌至最低的 6 港元/股。巴菲特最终选择以 8 港元/股的价格认购了 2.25 亿股比亚迪香港股票，交易总金额约 18 亿港元。

巴菲特对比亚迪的投资并非一帆风顺，股价在投资后有过大幅波动。但巴菲特始终坚定持有，并对比亚迪的电动车和电池业务充满信心。

截至 2022 年 7 月，比亚迪港股股价达到了 333 港元/股的高位，比巴菲特购入时的 8 港元/股狂涨超 40 倍。在此期间，巴菲特持有的比亚迪港股共有 8 次分红，扣除税费后，红利达到 2.96 亿港元。巴菲特在 2022—2023 年期间分多次卖出了约七成的比亚迪港股股票，实现了巨额的投资回报。

2011 年 2 月 15 日，巴菲特接受了奥巴马授予的总统自由勋章。

巴菲特不仅是世界上最富有的人之一，而且是最受人敬仰和尊重的人之一。巴菲特用自己的实际行动证明了，正直不仅是一种高尚的品质，而且可以创造财富。

2012年4月17日，巴菲特告诉人们，他被诊断出前列腺癌，所幸并无大碍，经过2个月的治疗后恢复健康。他乐观地说道："自己依然在为成为世界上最长寿的人而努力。"

2013年，巴菲特与私募股权集团3G资本共同购买亨氏公司，花费280亿美元。在接下来的两年中，巴菲特还购买了金霸王和卡夫食品。

2016年，巴菲特开始购买苹果股票，最初只投入约10亿美元购买了近1000万股。随着苹果股价的不断攀升，他继续增持，至今在苹果的投资总额已经达到了惊人的360亿美元。而对苹果的投资并非基于技术，而是基于用户对苹果产品的忠诚度及苹果强大的生态系统。他将用户忠诚度视为苹果的"护城河"，并看好苹果长期稳定的盈利能力。

之后，巴菲特的投资组合很丰富，他买入了包括菲利普斯66、肯德摩根、美孚等能源公司的股票。此外，他还对西方石油公司进行了多次投资，尽管期间遭遇了油价暴跌等挑战，但巴菲特坚持长期持有的策略，并在股价回调时增加了投资。

同时，巴菲特也继续增持了包括美国银行、美国运通、富国银行在内的多家银行股。这些银行股为伯克希尔·哈撒韦公司带来了稳定的股息收入和资本增值。巴菲特还投资了包括合众国银行在内的其他金融机构，并在金融业中保持了广泛的布局。

近年来，巴菲特开始关注并投资于一些新兴领域，如人工智能和可再生能源。目前，伯克希尔·哈撒韦公司公开交易证券投资组合的资产规模为 3987 亿美元，其中 45% 以上投资与 AI 相关的股票。

例如，2020 年 9 月，伯克希尔·哈撒韦公司首次"打新"了一家科技公司 Snowflake。Snowflake 是一家云计算公司，上市首日，股价大涨超 110%。尽管 Snowflake 目前仍处于亏损状态，但其营收持续保持高速增长，为伯克希尔·哈撒韦公司带来了显著的收益。

巴菲特还投资了巴西金融科技公司 Nubank。Nubank 是拉丁美洲最大的金融科技公司之一，凭借低门槛、无年费、低利率等优势在市场上取得了显著成功。Nubank 的上市计划为伯克希尔·哈撒韦公司带来了潜在的资本增值机会。

自 2020 年 8 月起，巴菲特开始对日本五大商社（伊藤忠商事、丸红株式会社、三菱商事、三井物产和住友商事）进行投资。巴菲特看中了这些商社的高现金流、高股息率及稳健的财务管理。此外，日本股市在过去几十年中经历了深度调整，估值处于历史低位，为巴菲特提供了难得的投资机会。

巴菲特表示，他对日本五大商社的投资是 10~20 年的长期投资。这种长期持有的策略符合他一贯的价值投资理念。自首次投资以来，巴菲特不断增持这些商社的股份。截至2023年6月底，伯克希尔·哈撒韦公司对这些商社的持股比例已经增至8.5%以上，到2024年2月，持股比例进一步提升至约9%。

这次，巴菲特先是把美元现金存入美国银行，利息为5%。然后用美元存单作为抵押物，在日本发行了6255亿日元债券，5年期利息只有0.17%，30年期利息仅1.1%，用来全部买入五大商社的股票。随着日本股市的上涨，巴菲特的投资取得了显著盈利。数据显示，截至2023年年底，巴菲特投资五大商社浮盈达80亿美元，约合人民币576亿元。到2024年4月19日，由于股价进一步上涨和日元贬值等因素，浮盈更是达到了约707亿元。

当日元经历剧烈贬值，三年内兑美元汇率下跌了54%之际，若巴菲特打算在日本继续发行债券，其抵押物的成本将较三年前大幅降低54%。更为关键的是，考虑到过去三年他所借的6255亿日元债务，在假设汇率综合贬值25%的情况下，他实际偿还时仅需支付约38亿美元，从而节省了高达12亿美元的费用。这种融资策略巧妙地利用了日本低利率的环境，进一步削减了投资成本。

当时，巴菲特对日本的投资举动引发了全球金融市场的关注，对日本股市产生了积极影响。在巴菲特买入后，这些商社的股价普遍上涨，吸引了更多投资者的关注。巴菲特的投资逻辑是寻找具有强大竞争力且价格合理的企业，并长期持有以获取稳定的回报。这种价值投资理念在日本五大商社的投资中得到了充分体现。巴菲特的投资不仅局限于美国市场，而是具有全球视野。他善于在全球范围内寻找投资机会，并根据市场情况灵活调整投资策略。

2023年，伯克希尔·哈撒韦公司的年营收为3644.82亿美元，净利润达到962.23亿美元（约合人民币6900亿元），大幅超出市场此前预期。这一成绩反映了公司在不同业务领域的广泛投资和运营利润的增长。伯克希尔·哈撒韦公司还使用了大约92亿美元回购股票，并创下了1676亿美元的现金储备纪录新高。

尽管巴菲特在股东信中强调，运营利润的重要性不容忽视，并表示伯克希尔·哈撒韦公司的价值增值在未来几十年将是一个非常重要的组成部分。他进一步指出，基于"利润"来判断伯克希尔·哈撒韦公司的投资价值，考虑到股市的波动，这种做法远远不够理智。截至2023年年底，伯克希尔·哈撒韦公司的投资公允价值总额的大约79%集中于苹果公司、美国银行、美国运通、可口可乐和雪佛龙等股票。

根据最新数据，伯克希尔·哈撒韦公司在2024年一季度的营收达到了898.69亿美元，同比增长5.2%，高于市场预期的859.2亿美元，显示出公司业务的稳健增长，如图4.1所示。虽然一季度净利润的下降可能受到多种因素影响，包括市场环境、投资组合表现等。净利润同比下降64.2%，下降至127.02亿美元，但这一数字仍然超出市场预期的98.92亿美元。截至一季度末，伯克希尔·哈撒韦公司的现金储备高达 1890 亿美元，创历史新高。这表明公司在保持流动性的同时，也拥有充足的资金用于未来的投资或应对潜在的市场风险。

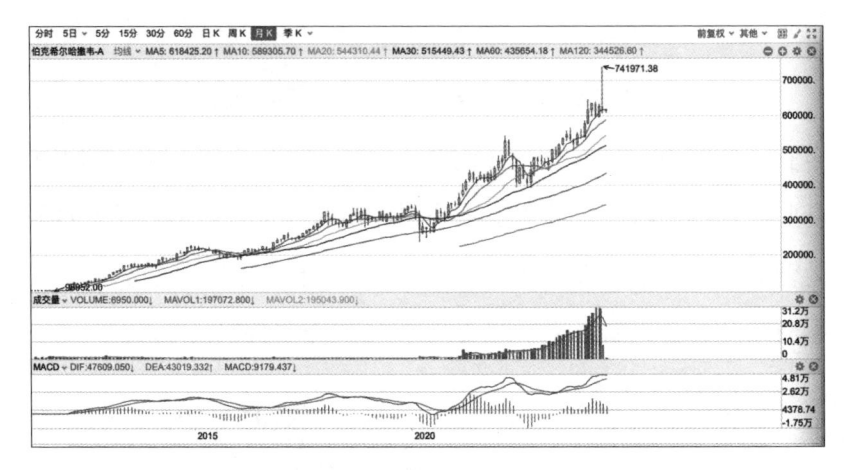

图 4.1　伯克希尔·哈撒韦公司 2025 年股价图

说来很有意思，伯克希尔·哈撒韦公司的总部员工数量相对较少，公开报道的仅为 26 人左右，这个精简的团队由巴菲特和他的核心合作伙伴组成，负责管理和指导整个庞大的企业集团。这种高度集中的管理方式体现了巴菲特的独特经营哲学。

然而，伯克希尔·哈撒韦公司不只是一个小规模的总部团队，它实际上是一个拥有众多子公司的企业集团。这些子公司遍布保险、铁路、能源、传媒、厨具、飞机租赁、珠宝、建材等多个领域，业务遍布全球。因此，伯克希尔·哈撒韦公司的总员工数量远超过其总部员工数量。

近年来，伯克希尔·哈撒韦公司的员工总数显著增长。据

2022 年的报道，伯克希尔·哈撒韦公司表示其数十家企业当时拥有约 37.2 万名员工，这一数字高于 2020 年年底的 36.174 万名。当然，其员工总数可能会随着市场环境和公司战略的变化而有所波动。

第四节　沃伦·巴菲特的投资哲学

巴菲特的投资哲学的原则，主要有如下 7 个方面。

一、长期投资：时间的朋友

在巴菲特的投资哲学中，最核心的原则之一是长期投资。他坚信，真正的价值往往需要时间来显现。因此，他并不关注短期的市场波动，而是将焦点放在具有长期增长潜力的公司上。巴菲特曾说："我们不会因为股票在未来几个月可能会下跌就决定不购买它。"这种长期视角使他能够在市场低迷时保持冷静，坚持自己的投资策略，从而捕捉到被低估的优质资产。

二、价值投资：寻找内在价值

价值投资是巴菲特投资哲学的另一大支柱。他强调，投资的核心在于寻找并买入市场价格低于其内在价值的企业股票。内在价值，是指企业未来能够产生的所有现金流折现到当前的价值。巴菲特通过深入分析企业的基本面，包括财务状况、竞争优势、管理层能力等来评估其内在价值，并只在价格显著低于内在价值时买入。这种策略确保了投资的安全边际，降低了风险。

三、竞争优势:"护城河"理论

巴菲特在投资时非常注重企业的竞争优势,他称之为"护城河"。这些"护城河"可以是品牌认可度、产权保护、网络效应或其他任何能让公司在竞争中领先的特性。巴菲特认为,只有拥有持久竞争优势的公司才能在长期内保持稳定的盈利能力,并为股东创造持续的价值。因此,他总是寻找具有明显"护城河"的公司进行投资。

不过马斯克在一次电话会议上批评"护城河"理论"很挫",认为"要是你对抗入侵者的唯一方式就是'护城河',那你坚持不了多久。重要的是创新步伐,这是决定竞争力的根本因素"。不过,巴菲特认为科技进步的加速的确会让很多"护城河"变得脆弱,无力抵抗"入侵",但他依然坚持,"护城河"的概念非常重要,有些公司的"护城河"更加坚固。

四、优质管理:"所有者型"管理者

巴菲特非常看重公司的管理团队,他倾向于投资被称为"所有者型"管理者的企业。这些管理者将公司视为自己的财产,对成功有强烈的承诺,并致力于实现股东利益最大化。巴菲特认为,一个优秀的管理团队能够带领企业克服各种困难,实现持续增长。

五、安全边际与耐心等待

巴菲特在投资时坚持安全边际原则,即在价格足够低廉以至于为投资者留有足够的安全边际时才买入。这种策略降低了投资

风险，确保了投资的安全性。同时，他也强调耐心的重要性。巴菲特认为，投资需要极大的耐心，等待合适的投资机会出现，而不是盲目跟风或被迫参与市场热点。他曾经说过："如果你不想持有一只股票10年，那就别想持有它10分钟。"

六、忽视市场情绪：独立思考

巴菲特教导投资者不要被市场的狂热或恐慌所影响，坚持独立思考，不随大流。他主张在市场崩溃或调整时期看到危机中的机遇，利用市场无效性进行投资。巴菲特一贯的理念是"在别人贪婪时恐惧，而在别人恐惧时贪婪"，这种逆向思维帮助他在市场低迷时捕捉到优质资产，在市场高位时保持谨慎。

七、坚守能力圈：限制自己的能力范围

巴菲特强调投资者应坚守自己的能力圈，只在自己熟悉的领域进行投资。他认为，每个投资人都会犯错，但只要将自己限制在少数几个容易了解的投资对象上，就能将风险维持在一个可控的范围内。这种原则帮助巴菲特避免了因跨出能力圈而可能导致的巨大损失。

整体来说，巴菲特的投资哲学与原则是一个系统而全面的投资体系。这些原则不仅指导了他自己的投资决策，也为全球投资者提供了宝贵的借鉴。

投资是一场思想的游戏，更是一门艺术，它与你的体魄强健程度、奔跑的速度或者距离无关，而与你如何诠释这个世界，以及你在其中如何定位自己的角色紧密相连。

谈及投资，一个不可或缺的词汇便是"你的世界观"。这是一个错综复杂、独一无二的综合体，融合了人的天生禀赋、生活阅历、对这些经历的深刻反思，以及从教育、阅读和生活中汲取的智慧。所有这些元素交织在一起，拼凑出一幅心理图景，塑造了每个人的人生哲学，这是构成了人们一切行为与决策的基石。这些将融汇成"个人气质"。巴菲特曾强调个人气质对投资事业的重要性。

巴菲特之所以有这么大的成就，离不开他自身不断地学习和进步。芒格曾说："如果你用放大镜紧跟巴菲特的步伐，你会发现他每天的大部分时间都在埋头阅读，剩下的则是与朋友通话或和那些杰出的人才进行深入讨论。"

巴菲特从小就不会错过任何一部自己所敬仰的人物的传记，从中汲取人生的智慧和经验。尽管巴菲特对《华尔街日报》的人并无好感，也从未考虑过为他们投资，但他每天早晨都会雷打不动地阅读这份报纸，甚至在凌晨时分就迫不及待地想要翻阅新的一期，来锻炼自己对商业社会的分析判断能力。就连在度蜜月时，他也不忘在汽车后座上堆满会计分类账，带上《穆迪投资手册》，时刻准备着学习新知识。

巴菲特会投入数月的时间，仔细研读一个世纪以来的报纸，深入了解商业循环的模式、华尔街的历史、资本主义的演进及现代公司的变迁等。他期望在未来的10年里，自己仍然能够像现在这样，每天阅读新送来的报纸，保持对世界的敏锐观察。

77岁时，巴菲特的一只眼睛视力下降影响了阅读，为了维持高效的阅读，他立刻选择佩戴助听器来辅助自己，将"阅读"变为"听读"。这也是他实现终身成长的秘诀。芒格强调说："那些生活越来越精彩的人，都是不断学习、追求进步的人，而巴菲特正是这样的典范。"

第五节 沃伦·巴菲特的经典语录与相关著作

一、沃伦·巴菲特的经典语录

1. 要赢得好的声誉需要20年，而要毁掉它，5分钟就够了。如果明白了这一点，那么你做起事来就会不同。

2. 在别人贪婪时恐惧，而在别人恐惧时贪婪。

3. 如果你是池塘里的一只鸭子，由于暴雨的缘故池塘水面上升，你开始在水的世界之中上浮。但此时你却以为上浮的是你自己，而不是水面。

4. 如果我们不能在自己有信心的范围内找到需要的，那么我们不会扩大范围，只会等待。

5. 我们之所以取得目前的成就，是因为我们关心的是寻找那些我们可以跨越的一英尺障碍，而不是去拥有什么能飞越7英尺的能力。

6. 如果你不能控制住你自己，那么你迟早会大祸临头。

7. 戒恐，戒骄，戒躁。

8. 想要在股市从事波段操作是神做的事，不是人做的事。

9. 要想成功地进行投资，你不需要懂得什么 Beta 值、有效市场、现代投资组合理论、期权定价或是新兴市场。事实上大家最好对这些东西一无所知。当然我的这种看法与大多数商学院的主流观点有着根本的不同，这些商学院的金融课程主要就是那些东西。我们认为，学习投资的学生只需要接受两门课程的良好教育就足够了，一门是如何评估企业的价值，另一门是如何思考市场价格。

10. 当一些大企业暂时出现危机或股市下跌，出现有利可图的交易价格时，应该毫不犹豫买进它们的股票。

11. 我之所以能有今天的投资成就，是依靠自己的自律和别人的愚蠢。

12. 即使有了足够的内幕消息，再加上 100 万美元，一年内也可能血本无归。

13. 我的工作是阅读。我阅读我所关注的公司年报，同时我也阅读它的竞争对手的年报，这些是我最主要的阅读材料。

14. 头脑中的东西在未整理分类之前全叫"垃圾"！

15. 人们买股票，根据第二天早上股票价格的涨跌，决定他们的投资是否正确，这简直是扯淡。

16. 不管是买袜子还是买股票，我都喜欢在高级货打折时入手。

17. 你不一定必须得是名火箭科学家。对于投资这样的游戏，智商为 160 的人未必就可以赢智商为 130 的人。

18. "做优秀的投资者并不需要高智商"，只需拥有"不轻易从众的能力"。

19. 你应当把股票看作许多细小的商业部分，把市场的波动看作你的朋友而非敌人，利润有时来自对朋友的愚忠而非参与市场的波动，以及关于投资最重要的几个字眼"安全边际"概念。

20. 很多事情做起来都会有利可图，但是，你必须坚持只做那些自己能力范围内的事情，我们没有任何办法击倒泰森。

21. 第一大投资原则：独立思考和内心平静。

22. 我碰巧是个分配资金的天才。可我运用才华的能力完全取决于我出生所在的社会。如果生在狩猎为生的部落，那么我的天分根本一无是处。我跑不了多快，身体不是特别强壮，可能最终会成为某只野兽的晚餐。

23. 不需要等到股价跌到谷底才进场买股票，反正你买到的股价一定比它真正的价值还低。

24. 开始存钱并及早投资，这是最值得养成的好习惯。

25. 投资人并不需要做对很多事情，重要的是要能不犯重大的过错。

26. 如果你属于人类中最幸运的1%，那么你就应该考虑其他99%的人，这是你应该做的。

27. 在股票投资中，我们期望每一笔投资都能够有理想的回报，因为我们将资金集中投资在少数几家财务稳健、具有强大竞争优势，并由能力非凡、诚实可信的经理人所管理的公司股票上。

28. 虽然我也靠收入生活，但我迷恋过程要远胜于收入。

29. 我很理性。很多人比我智商更高，很多人也比我工作时间更长、更努力，但我做事更加理性。你必须能够控制自己，不要让情感左右你的理智。

30. 在我看来，晦涩难懂的公式、计算机程序或者显示股票和市场价格变化的闪烁信号都不会带来投资的成功。

31. 一生能够积累多少财富，不取决于你能够赚多少钱，而取决于你如何投资理财，钱找人胜过人找钱，要懂得钱为你工作，而不是你为钱工作。

32. 那些最好的买卖，刚开始的时候，从数字上看，几乎都会告诉你不要买。

33. 我们最擅长的事情是，当一家大公司暂时陷入困境时，在它躺在手术台上的那一刻去收购它。

34. 投资的第一原则是永远不要亏钱，第二原则是记住第一原则。

35. 拥有一只股票，期待它下个早晨就上涨是十分愚蠢的。

36. 你必须在财务方面和心理方面做好充分的准备，以应对股票市场的反复无常，如果你不能眼睁睁地看着你买的股票跌到你买入价格的一半，还能从容地计划你的投资，那么你就不该玩这个游戏。

37. 如果你认为你可以经常进出股市而致富的话，我不愿意和你合伙做生意，但我希望成为你的股票经纪。

38. 不能承受股价下跌50%的人就不应该炒股。

39. 时间是精彩事业的朋友，但却是平庸事业的敌人。

40. 有人曾经说过，当寻找受雇的职员时，你要从中寻找三种品质——正直、勤奋、活力。而且，如果他们不拥有第一品质，其余两个将毁灭你。对此你要深思，这一点是千真万确的。如果你雇佣了没有第二种品质的某些人，你实际上想要他们既哑又懒。

41. 风险，来自你不知道你在做什么。

42. 投资的秘诀不是评估某一行业对社会的影响有多大，或它的发展前景有多好，而是一家公司有多强的竞争优势，这优势可以维持多久。产品和服务的优越性持久而深厚，才能给投资者带来优厚的回报。

43. 在股票市场中，唯一能让你被三振出局的是不断地抢高杀低、耗损资金。

44. 要投资成功就要拼命阅读，不但读有兴趣购入的公司资料，也要阅读其他竞争者的资料。

45. 当那些好的企业突然受困于市场逆转，股价不合理地下跌时，这就是大好的投资机会来临了。

46. 如果你在错误的路上，奔跑也没有用。

47. 任何一位卷入复杂工作的人都需要同事。

48. 我从来不曾有过自我怀疑，我从来不曾灰心过。

49. 归根结底，我一直相信我自己的眼睛远胜于其他一切。

50. 只有在退潮的时候，你才知道谁一直在光着身子游泳！

51. 当我发现自己处在一个洞穴之中时，最重要的事情就是停止挖掘。

52. 别人赞成你也罢，反对你也罢，都不应该成为你做对事或做错事的因素。

53. 我们不因大人物或大多数人的赞同而心安理得，也不因他们的反对而担心。

54. 如果你能从根本上把问题所在弄清楚并思考它，你永远都不会把事情搞得一团糟！

55. 在拖拉机问世的时候做一匹马，或在汽车问世的时候做一名铁匠，都不是一件有趣的事。

56. 在生活中，如果你正确选择了你的英雄，你就是幸运的。我建议你们所有人尽你们所能地挑选出几个英雄。

57. 要量力而行。你要发现你生活与投资的优势所在。每当偶然的机会降临，即你对这种优势有充分的把握，你就全力以赴、孤注一掷。

58. 如果发生了坏事情，请忽略这件事。

二、沃伦·巴菲特的相关著作

1.《巴菲特的投资组合》(*The Warren Buffett Portfolio*)

- 作者：[美] 罗伯特·哈格斯特朗 (Robert G. Hagstrom)

- 出版时间：2008 年

2.《滚雪球：沃伦·巴菲特和他的财富人生》(*The Snowball: Warren Buffett and the Business of Life*)

- 作者：[美] 爱丽丝·施罗德 (Alice Schroeder)

- 出版时间：2009 年

3.《巴菲特教你读财报》(*Warren Buffett's Accounting Book*)

- 作者：[美] 玛丽·巴菲特 (Mary Buffett)、[美] 戴维·克拉克 (David Clark)

- 出版时间：2009 年

4.《巴菲特传：一个美国资本家的成长（珍藏版）》(*Buffett: The Making of an American Capitalist*)

- 作者：[美] 罗杰·洛温斯坦 (Roger Lowenstein)

- 译者：王丽萍

- 出版时间：2010 年

5.《巴菲特致股东的信》(*Warren Buffett's Letters to Shareholders*)

- 作者：[美] 沃伦·巴菲特 (Warren Buffett)

- 出版时间：多年再版，具体版本时间不一

6.《巴菲特之道》(*The Warren Buffett Way*)

- 作者：[美] 罗伯特·哈格斯特朗 (Robert G. Hagstrom)

- 译者：杨天南

- 出版时间：2015 年

7.《跳着踢踏舞去上班》(*Tap Dancing to Work: Warren Buffett on Practically Everything, 1966-2012*)

- 作者：[美] 卡萝尔·卢米斯 (Carol Loomis)

- 出版时间：2017 年

8.《沃伦·巴菲特：投资者和企业家》(*Warren Buffett: Investor and Entrepreneur*)

- 作者：[美]托德·芬克尔 (Todd Finkle)
- 出版时间：2023 年

第五章

投资界的智慧化身

——查理·芒格
（Charlie Munger，1924—2023 年）

— 人物卡片 —

姓　　　名：查理·芒格（Charlie Munger）

出 生 日 期：1924 年 1 月 1 日

国　　　籍：美国

生　　　肖：猪

星　　　座：摩羯座

学　　　历：哈佛大学法学院学士

职　　　业：投资家、企业家，伯克希尔·哈撒韦公司前副主席

成就与贡献：芒格有"行走的百科全书""幕后智囊""最后的秘密武器"等美誉。与沃伦·巴菲特共同创造了伯克希尔·哈撒韦公司的辉煌，共同被誉为投资领域的传奇人物。以独特的跨学科思维方法和广泛的学识，对投资理论和实践做出了重大贡献，他的投资智慧和人生哲学对投资者产生了深远的影响。

人物特点：芒格博学多才、沉着冷静、思维缜密、坚持原则且极富智慧与幽默感，他强调投资中的理性思考、自律和耐心，致力于寻找并持有那些他认为值得长期持有的股票。

第一节　智者芒格的一生

2023年11月28日，伯克希尔·哈撒韦公司在其子公司美国商业资讯网站上发表声明，投资天才、沃伦·巴菲特的合作伙伴查理·芒格去世，享年99岁，此时距离他100岁生日只有一个月。

1924年1月1日，查理·芒格诞生于美国内布拉斯加州的奥马哈市，这座位于美国中西部的城市孕育了无数杰出人物。

芒格出生在一个原本富裕的家庭，他的爷爷托马斯·芒格早年步入法庭，45岁即被西奥多·罗斯福总统钦点为联邦法官。但就在他5岁（1929年）那年，全球经济大萧条的风暴席卷而来，他的父亲作为股票行业的从业者，损失惨重。

家庭的变故让芒格早早地体验到了生活的艰辛。然而，他的父母埃尔·芒格和弗罗伦斯·芒格却始终保持着乐观的态度，他们鼓励孩子们阅读，通过书籍来拓宽视野，寻找生活的智慧。童年的芒格展现出强烈的求知欲和独立思考的能力，对书籍和知识充满热情。他在家中自学了多种语言，并涉猎广泛，对多个学科领域都表现出浓厚的兴趣。

为了贴补家用，芒格在暑假期间打工，每个周六都要连续工作12小时，才能获得微薄的报酬。他曾在奥马哈市的一家杂货店做店员，而这家店正是巴菲特家族的，这也是芒格与巴菲特第一次"隔空交集"。他还在加油站工作过，这些经历让芒格更早地体验到了生活的艰辛，磨炼了他的意志，也让他对金钱有了更深刻的认识。

芒格的求学之路也并非一帆风顺。1941年，珍珠港事件的爆发打断了他在密歇根州立大学的数学学业，他被迫退学，前往犹他州服兵役。这期间，他在新墨西哥大学和加州理工大学研究气象学，但未正式毕业。之后，他在阿拉斯加担任气象预报员，虽然环境艰苦，但他却从未放弃求学的梦想。

退役后，在家人的支持下，他进入哈佛大学法学院继续深造，1948年以优异的成绩毕业，直接进入加州法院担任律师。他在法律界展现出的出色的才华和独特的思考方式，很快赢得了客户的信任和尊重。他擅长处理复杂的法律案件，并以其独特的见解和策略保持着较高的胜诉率。他凭借智慧和敏锐的洞察力成为法律界的佼佼者。

芒格经历了两次婚姻。第一段婚姻是在服役期间与南希·哈金斯结为连理，两人共度了数年的时光。然而从1953年起，芒格历经磨难：离婚，儿子患白血病无医保，倾尽积蓄救治。1955年，9岁爱子不幸离世。这段历程深刻烙印于芒格的人生中。

1956年，芒格与南希·巴里·博斯韦克开始了第二段婚姻，这位太太给予了他稳定的感情支撑。两人共育有8个子女，共同度过了漫长而幸福的岁月。兴许因为前一段经历，芒格耗尽家财，面对新家庭时，他加倍努力。此时的芒格对人生有了更加深刻的理解，所以他才会在演讲时说出那句经典名言："如果你想要得到某样东西，最稳妥的方法就是让自己配得上它。"

1959年，芒格的父亲离世，一个以其智慧和深思熟虑著称的洛杉矶杰出律师匆忙从洛杉矶赶回老家奥马哈。早已听闻芒格大名的巴菲特得知消息后，主动拜访芒格，并热诚地邀请他共赴晚餐。那时的巴菲特已经在家乡管理着一家私人投资公司，以其独特的投资眼光和深思熟虑的决策方式而闻名，并且在投资领域取得了不俗的成绩，积累了一定的经验。晚餐中，两人相谈甚欢，如同故交，但当时他们还并未萌生出共同创业的念头。

虽然律师的收入稳定且可观，但芒格渴望通过投资实现更大的财务自由。在正式转型投资之前，芒格其实已经在房地产投资和其他个人投资项目中取得了成功。例如，在1961—1964年，他与朋友一起投资了5个房地产项目，总共赚了140万美元。拿到这笔钱后，他立即在加州一个公园边上买了栋大厦并且很快拆除，他把地皮一分为二，一半卖掉，另一半给自己家建了座大宅。这些早期成功的经验坚定了他进入投资领域的信心。

1962年，芒格踏上创业征途，携手托尔斯、希尔斯等6位志同道合的伙伴毅然离开MPG律师事务所，共同创建了"芒格和托尔斯律师事务所"，简称"MT"，M代表芒格，T代表托尔斯。

同时，芒格拿出自己的全部积蓄（约30万美元）和客户兼牌友杰克·惠勒成立了惠勒–芒格合伙公司。他们借鉴巴菲特的成功模式，精心打造投资合伙基金，在当地的"太平洋海岸证券交易所"买下会员席位，然后在交易所内租了一间非常破旧但租金便宜到每月仅需 150 美元的小办公室，开始了投资理财生涯。从两家合伙公司的名字顺序安排就能看出，芒格此时的主要事业还是律师工作，投资或许只是他的"副业"。

说来会让人感到震惊，那时与芒格一起创业的 6 人中，有之后成为美国证监会主席的罗德·希尔斯和他的妻子卡拉·希尔斯。原本在 MPG 法律界的边缘，罗德因芒格的慧眼识珠而崭露头角，随后与妻子携手参与构建 MT 律师事务所。时光流转至 1974 年，罗德已以 MT 资深法律顾问的身份，荣膺福特总统亲点的白宫首席智囊，进而执掌美国证监会，引领金融监管新篇。

与此同时，卡拉·希尔斯的光芒亦不可忽视，她的职业生涯璀璨夺目。早在 1973 年，卡拉·希尔斯便受尼克松总统之邀，跃上美国最高法院助理法官的宝座，开启了她在政界与法律界的非凡旅程。随后，她如破竹之势，相继担任司法部要职、住房与城市发展部领航者，是美国贸易谈判桌上的巾帼英雄，还在美国对外关系舞台上与中美关系全国委员会共掌舵盘。

芒格当时是 MT 律师事务所的工作榜样和精神领袖，按照合伙人的评价，"查理·芒格坚持什么，这家事务所就坚持什么"。多年以后，罗德依然在公开场合评价说："毫无疑问，MT 律师事务所傲视群雄，是全国最好的事务所。"

由于团队给力，MT 律师事务所经过几年的发展，迅速做大做强，芒格因此也能投入更多的时间用于投资，于是和巴菲特的交流多了起来。而巴菲特并未读过法律，且投资这件事情除了在二级市场直接买卖，其他事物如并购与经营都涉及大量的法律事务，而芒格正是擅长商业法的高级律师！因此，他俩简直是天作之合。

巴菲特曾说："芒格总是能看清现实，如果发现什么问题，绝不会坐视不理。芒格为我带来了法律观念，他能比世界上任何人更快更准地分析和评估一项交易。他能在 60 秒内看到所有可能的缺陷，是我的完美合伙人。"

在随后的几年里，芒格和巴菲特虽独立投资，但开始在一些投资项目上合作。他们真正的携手并进始于 1968 年，这一年，他们决定共同投资，并开启了长达数十年的合作之旅。在合作初期，巴菲特和芒格各自运营着自己的投资公司，但在很多项目上都会携手合作。他们的合作不仅带来了丰厚的收益，更在投资界创立了一种全新的合作模式。

芒格坚信价值投资的理念，即深入研究公司的基本面，寻找并投资被低估的优质企业。这一理念成为他投资成功的基石。为了降低风险，芒格注重将资产分散到不同的行业和领域。这种多元化投资策略使他的投资组合能够在市场波动时保持稳定。

20 世纪 70 年代初期，美国经济整体处于过热状态，商品价格和贵金属大幅上涨。然而，到了 1974 年，经济情况发生了显著变化，导致了一场严重的股灾。回顾1973—1974年，由于食品供应不足和石油危机的影响，美国经济陷入滞胀，GDP增速快速下行。这种经济环境的恶化直接影响了企业的盈利能力和市场的信心。为了治理通胀，美联储不得不快速加息。

然而，这种紧缩的货币政策进一步压制了经济活动，并对股市产生了负面影响。加息直接导致市盈率下降，从而加剧了股市的下跌。由于经济滞胀和衰退，标普500成分股的每股收益增速跟随下行。企业的盈利状况恶化，使得投资者对股市的信心进一步下降。在股市下跌的过程中，投资者情绪受到严重影响。许多投资者开始抛售股票，以避免进一步的损失。这种抛售压力加剧了股市的下跌趋势。

在这个时期，芒格与巴菲特的投资表现呈现出鲜明的对比。巴菲特在股票仍处于上涨阶段时，果断解散了所有合伙公司，因此成功躲过了随后爆发的全球股灾。然而，芒格的公司却遭遇了重创（在1973—1974年间，他的公司连续两年亏损近31%，这一巨大的损失几乎抵消了公司前11年一半以上的盈利）。幸运的是，芒格顶住了巨大的压力，坚持不抛售股票。最终，在1975年，他的投资决策获得了回报，公司盈利反弹了75%。

1974年的股灾对美国经济和金融市场产生了深远的影响。许多公司的市盈率降至个位数，市场估值变得非常便宜。在这场股灾中，许多投资者遭受了重大损失，而一些有远见的投资者则看到了机会，开始在低位买入优质资产。总的来说，1974年，美国股灾是由多种因素共同作用的结果。经济滞胀、衰退、通胀、紧缩的货币政策，以及投资者情绪的恶化都导致了这场股灾的发生。然而，正是这样的危机也为未来的经济复苏和股市反弹奠定了基础。

在经历了这次财富的"过山车"之后，芒格深刻体会到单打独斗并非长久之计。于是，在1975年，他清算了自己的合伙公司，将所有资产并入巴菲特购买的纺织企业伯克希尔·哈撒韦公司，并一起将这家原本陷入困境的企业转型为一家成功的投资公司。这一决策不仅拯救了伯克希尔·哈撒韦公司，也让巴菲特和芒格的投资哲学得到了更广泛的认可，更为伯克希尔·哈撒韦公司成为世界上最成功的投资公司之一奠定了坚实的基础。

这期间有一件令巴菲特与芒格友谊更加紧密的危机事件。1972年夏，巴菲特和芒格通过蓝筹印花公司购入维斯科金融公司8%的股份。次年1月，维斯科计划与圣芭芭拉财务公司合并，巴菲特与芒格等认为，此举损害股东利益，遂大举增持维斯科股票以阻止合并，最终成功。合并失败后，维斯科股价大跌，蓝筹印花公司以高于市价的价格公开收购其25%的股份，1975年2月引发美国证监会展开调查，指控其涉及商业欺诈。

在调查过程中，证监会发现巴菲特及其关联实体的交易复杂且存在利益冲突，难以理解。尽管面临巨大压力，巴菲特最终接受裁决，支付赔偿。要赢得好的声誉需要20年，而要毁掉它，5

分钟就够了。所以巴菲特一生视声誉如生命。在此事件中，芒格的律师事务所及其合伙人的信誉和人脉为巴菲特提供了关键支持。此后，芒格与巴菲特关系更加紧密。

1978年，芒格正式加入伯克希尔·哈撒韦公司，成为副总裁。这一举动标志着两人合作关系的进一步升华，他们俩经历了各个重磅投资事件，包括并购蓝筹印花、投资《华盛顿邮报》、成立维斯科金融保险公司、买入美联航及盖可保险公司；还参与了所罗门兄弟公司与旅行者集团的重组，大举建仓可口可乐公司，以及入股比亚迪公司等。伯克希尔·哈撒韦公司的市值以年均24%的增速突飞猛进。尽管期间遭遇了次贷风暴的严峻考验，运通和富国银行的股价暴跌也曾严重拖累伯克希尔·哈撒韦公司，但巴菲特与芒格的投资记录仍然堪称人类历史上前所未有的传奇。

在正式加入伯克希尔·哈撒韦公司之前，芒格经历了家庭的变故、求学的艰辛、职业的挫折。然而，他始终保持着乐观的心态和坚定的信念，在逆境中不断成长和进步。这些经历也为他日后成为杰出的投资大师奠定了坚实的基础。

2023年11月28日，"股神"沃伦·巴菲特的黄金搭档与背后军师查理·芒格安然离世，享年99岁。巴菲特在声明中表示："没有查理的灵感、智慧和参与，伯克希尔不可能达到今天的地位。"

第二节　改变巴菲特的男人

在认识芒格之前，巴菲特的投资理念主要受到他的老师格雷厄姆的影响，侧重于"捡烟蒂"式的投资，即寻找股价远低于净资产的股票，而不太注重公司的质地。然而，芒格对巴菲特的投资理念产生了深远影响，使他从"捡烟蒂"转变为寻找"大生意"。芒格笃信的投资理念是寻找有发展前景的好公司，并以合理的价格购买。这种转变在巴菲特的投资生涯中起到了关键作用，使他能够捕捉到更大的投资机会。

巴菲特表示："格雷厄姆教会我买便宜货，而芒格把我推进了不要光买便宜货的投资方向。这是他对我最大的影响。"他又补充道："芒格用思想的力量拓宽了我的视野，在他的帮助下，我以不可思议的速度从猿变成了人。如果不是他，我会比今天穷得多……我对他的感激无以言表。"这里的"从猿变成了人"指的是在芒格的引领下，巴菲特从格雷厄姆传授的"关注企业现有资产清算价值"的投资体系，转化为"关注企业未来自由现金创造能力"的投资体系。这也许要归功于芒格的家世、阅历和他本身的天分与勤奋好学。

与格雷厄姆和巴菲特不同的是，在涉足投资领域之前，芒格已是一位商业界的多面手，积累了深厚的实战智慧。他涉足过房地产的深耕细作、驾驭过农业机械的市场浪潮、探索过电力设备的创新制造，乃至掌控着信息传递的印刷业脉搏，每个领域都留下了他的印迹，并累积了高达140万美元的财富。

这些丰富的商业实践锻造了芒格独到深刻的洞察力：他深刻地认识到，某些行业的盈利本质得天独厚，譬如印刷业虽面临价格敏感的挑战，但报业广告的价格杠杆却能让广告主难以割舍；同时，他也洞悉到同一行业在不同经营者手中展现出的天壤之别，正如同一块土地，在庸才手中或成负担，而在芒格的智慧运作下却能化腐朽为神奇，实现盈利的飞跃。

这些关于生意本质与人为因素的深刻见解，恰恰是传统财务分析大师（如格雷厄姆）所未曾充分重视的维度。格雷厄姆的教诲虽强调财报数据的严谨性，却可能无意间遮蔽了商业世界中更为灵动与复杂的一面。芒格则不然，他以一种近乎直觉的敏锐，跨越了单纯数字分析的局限，捕捉到决定企业兴衰成败的无形之手，从而在投资旅途中开辟出一条既理性又充满洞见的独特道路。

除了丰富的商业实践，芒格的律师职业生涯，也让他深刻体会到：通常而言，越优秀的人越能避免陷入法律纠纷。这并非偶然，而是因为他们拥有出色的思考能力和良好的行为习惯，这些特质使他们能够在日常生活中有意识地规避潜在的风险和问题。相反，那些频繁遭遇麻烦的人，很多时候并非命运不济，而是他们的性格或行为方式中存在着易于引发问题的因素。由此可知，培养优秀的个人品质和行为习惯，对于减少生活中的困扰具有重要意义。

与谁同行，要比你去的远方更重要。在投资领域同样更讲究

"选择大于努力"。芒格发现"捡烟蒂"股的指导思想确实可以挖掘更便宜的股票，但绝大部分是麻烦不断的企业，否则价格不会这么低廉。其实，这个就很像我们生活中遇到的"烂人"，通常伴随着就是"烂事"，还时不时带给你惊吓，这样虽然可以短期内实现获利，但是需要时刻保持警惕，以防出现"黑天鹅"般意外。这样对于大规模的资金来说必然面临心力交瘁的困境。

由于巴菲特初涉投资领域，深受格雷厄姆学派的熏陶，他很难质疑格雷厄姆，但芒格没有这种崇拜。他经常对巴菲特说，"格雷厄姆有些思想非常愚蠢，他的盲点在于总是认为未来充满危险，而不是充满机会；他忽略企业性质，将不同企业的账面资产视为同样意义的数字比较，这绝对是荒谬的；掌管资产的人也可以决定资产价值的重要组成部分"等。随着经验的积累和视野的拓宽，在芒格的助推下，巴菲特逐渐发展出独特的投资哲学，既保留了格雷厄姆的价值精髓，又融入了自己的深刻见解。

巴菲特曾感慨道："要把我从格雷厄姆有局限性的观点中解救出来，需要巨大的力量，那就是芒格的意志力。他让我视野变得更开阔。我很快就把从格雷厄姆和芒格那里学到的东西结合起来，开始非常热衷于以合理的价格购买优质企业的股票。"

案例一：迪士尼股票的投资

1965年，巴菲特购入了迪士尼公司约5%的股份，当时的成本非常低。然而，在股价上涨后，巴菲特选择卖出，赚取了一定的利润。虽然这次投资在短期内获得了成功，但如果巴菲特能够持有这些股份至今，其价值将会翻倍增长。芒格一直强调长期投资的重要性，他的这种观念可能影响了巴菲特在迪士尼股票上的持有策略。

虽然巴菲特在一年后卖出了迪士尼的股票，但这次投资仍然反映了他开始关注并捕捉具有长期发展潜力的投资机会，这是芒格投资理念的一个重要方面。这个案例揭示了巴菲特在芒格的影响下，开始注意到具有巨大增长潜力的公司，尽管他当时还未完全摆脱"捡烟蒂"的投资理念。

案例二：喜诗糖果的收购

1971年，巴菲特和芒格一起收购了喜诗糖果公司，这是他们合作的一个重要案例。当时，喜诗糖果的收购价格远高于其净利润，这与巴菲特以往的"捡烟蒂"策略相悖。然而，在芒格的劝说下，巴菲特认识到喜诗糖果的长期价值，包括其品牌知名度、稳定的销售量和巨大的自由现金流。这次收购标志着巴菲特投资理念的重大转变，他开始重视公司的长期增长潜力和质量，而不仅仅是低价。

我们先看芒格的说法：

我们从早年间做投资的经历中学到了很多道理。例如，我们收购喜诗糖果的时候出了很高的价格。要知道，我们那时候把清算价值作为衡量标准。按这个标准衡量，我们买喜诗糖果的价格非常贵，我们之前从没买过这么贵的公司。结果呢，这笔投资给我们赚了很多钱。喜诗糖果让我们明白了什么是好生意。从投资喜诗糖果的经历中，我们学到了很多东西。

我们再看巴菲特在1997年股东大会上的回忆：

喜诗糖果是我们第一次购买品牌企业，这对习惯于出价50美分去购买1美元的我们来说，是一次艰难的跳跃……谢天谢地，我们幸运地收购了这家公司，它教会我们很多东西。如果没有收购喜诗糖果的经验，我们就不会在1988年去购买可口可乐的股票。因此，今天我们在可口可乐上赚到的110亿美元，很大部分要归功于喜诗糖果。

案例三：比亚迪的投资

2008年，比亚迪作为一家在新能源汽车领域具有显著优势的公司吸引了巴菲特和芒格的关注。当时，全球经济正处于动荡期，许多投资者都在规避风险，但巴菲特和芒格却看到了比亚迪的潜力。在芒格的强烈建议下，巴菲特决定投资比亚迪。芒格曾两次拍桌子要求巴菲特投资比亚迪，他对比亚迪在新能源和电动汽车市场的潜力有着深刻的认识，如图5.1所示。

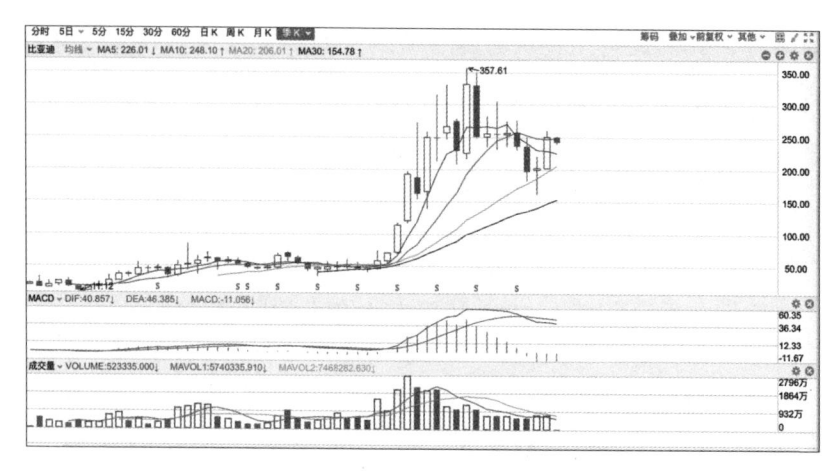

图 5.1　比亚迪 2025 年股价波动图

2008 年 9 月，巴菲特通过伯克希尔·哈撒韦公司斥资约 2.3 亿美元（约合 18 亿港元），购买了比亚迪 2.25 亿股港股股票，占公司股份的一定比例。当时的购买价格约为 8 港元 / 股。巴菲特和芒格持有比亚迪股票长达近 14 年，其间一股未动，直到近年才开始逐渐减持。这种长期投资策略与他们一贯的投资理念相符。

随着比亚迪在全球电动车市场的持续成长，其股价也有了显著的增长，比亚迪的股价从最初的 8 港元增长到更高的价格，为巴菲特和芒格带来了丰厚的回报。这次投资也反映了巴菲特和芒格对新能源和电动汽车市场发展趋势的敏锐洞察。

第三节　人生大赢家

古往今来，一个有财富的人不足为奇，而一个拥有驾驭财富能力的智者着实稀缺。芒格不仅事业成功、兴趣广泛，对家庭和亲人充满责任感，并且热心于慈善。

芒格在生活中以交游广泛著称，除担任伯克希尔·哈撒韦公司副董事长外，还是"每日新闻集团"及"小伯克希尔"之称的维斯科金融公司董事长。其人际网络横跨商界、政界、媒体圈，好市多CEO詹姆斯·辛尼格曾言："芒格认识谁都不足为奇。"芒格虽已不做律师50余年，但其事务所仍保留其冠名和私人办公室，现名为"芒格、托尔斯和奥尔森律师事务所（MTO）"，新增冠名合伙人奥尔森为加州1998年最具影响力律师。MTO在全球享有崇高声誉，专攻多领域法律事务。奥尔森对芒格评价极高，比尔·盖茨亦称其为"最渊博的思想家"，在诸多领域均无与伦比。

芒格兴趣广泛，常出售伯克希尔股票以追求个人喜好，而不愿仅以财富积累专家闻名。1993—1997年，芒格出售了价值超2500万美元的伯克希尔股票，为家庭带来诸多乐趣。他在多地购置或建造至少8座大宅，并雇有管家管理。在家族度假岛上，他建造了大客厅、网球场、家族专用码头等。因钓友兴趣，他还投资建造了当时世界上豪华的双体船。此外，芒格慷慨捐赠伯克希尔A股给多家机构，并参与慈善项目管理，如担任撒玛利亚医院董事长10年，使该医院被评为"全国最好的医院（之一）"。他还捐赠数百万美元建设儿子母校的科学大楼，并参与设计和建设。当然，此类善举不胜枚举。

芒格拥有庞大而幸福的家庭，他的身家约70亿美元，包括已移交给孩子们的财产，尽管财富不及巴菲特的 1/10，但他早年传承财富，便于子女能在年轻时追求自己的理想。他对 8 个孩子的教育都相当成功，其中多人受他影响成为律师或在各自领域有所成就。

芒格非常注重家庭教育，以身作则影响孩子，传授为人处世原则。即使在早期为养家打几份工时，也未忽视其作为父亲的责任。子女们表示，芒格在经济和精神上都给予了他们充分的支持和照顾。

第四节　美版儒家君子查理·芒格

尤为难能可贵的是，芒格恰似中国儒家精髓之践行者，孜孜不倦地"修身、齐家、平天下"。他深刻探索生命的真谛，持续领悟并分享幸福人生的钥匙，以其跨越世纪的智慧之光，启迪众人。李录更誉其为"美国的孔子"，兼备道德与智慧，但更胜一筹的是他驾驭财富的能力。

芒格每周都会精读几本书，内容涉及多个学科，他那令人叹羡的思维逻辑与海量的信息处理能力，感觉此人似乎已历经 300 年的沧桑岁月。芒格曾说："我会观察哪种方法有效，哪种无效并探究其背后的原因。"

芒格就像一个投资界的"哆啦 A 梦"，有他自己的百宝箱，只不过都在他的大脑中，那就是他面对世界的思维模型。他认为，掌握更多的思维模型能够让人更加聪明。基于这个理念，他创造了"芒格四步学习法"，以有效地学习和应用思维模型。

第一步：跨学科学习，广泛涉猎不同领域的知识。

第二步：专注于学习重要学科中的核心思维模型。

第三步：将这些思维模型进行跨学科融合，构建出多元化的思维模式。

第四步：通过刻意练习，不断将所学应用于实际，促进思维模型的组合进化，持续验证并优化。

为了实践这一方法，芒格深入研究了历史学、心理学、生理学、数学、工程学、生物学、物理学、化学、统计学、经济学等多个学科，并从中提炼出了100个思维模型。这些模型在他自创的投资领域"多元思维模型"中发挥着重要作用，如能力圈模型、价值投资模型、复利原理等，都是他的重要理论工具。

那么，什么是思维模型呢？简单来说，思维模型是用简单易懂的图形、符号或结构化语言构建的可视化工具，它是我们分析和解决问题的"心理结构"或思维公式。这些模型，如第一性原理、复利理论等，都是优秀的投资者解决问题的套路。

思维模型的学习和应用可以分为四个层次：点状思维、逻辑思维、结构思维和模型思维。点状思维是零散的知识点，而模型思维则是以结构思维为基础，通过填充碎片化知识形成的稳固可视化模型，提高思维效率和问题解决能力。

学习思维模型的重要性有以下几方面。首先，思维模型能帮助人们避免常见的思维误区，如非黑即白的绝对思维、主观臆断的情绪推理等。其次，思维模型能够解决实际问题，形成人们日常生活工作的原则，无论是简单的单学科问题还是复杂的跨学科问题。最后，通过学习思维模型，可以从感性思维升级到理性思维，从点状思维发展到模型思维。

在学习思维模型的过程中，首先，我们可以见贤思齐，向优秀的人学习，借鉴他们的思维方法和模型。其次，通过刻意练习来深化对思维模型的理解和应用。再次，参与讨论和分享，与不同领域的人交流，可以不断完善和迭代自己的思维模式。最后，将所学应用于实际，通过实践来验证和优化思维模型。

此外，非常重要的一点是芒格一直强调"避免愚蠢"。媒体作家威廉·格林（英国）曾经写过，他通过仔细研究芒格10年来的演讲、著作和其他思想感悟，开始意识到，芒格一直以来的做法就是减少自己愚蠢的思考和愚蠢地做事，降低犯非原创性错误和做常见傻事的概率，所有人都应该效仿他的做法。

在2015年的股东大会上，芒格坦言："我并不认为自己拥有比别人更多的独到见解，但我尽量不说愚蠢的话，不做愚蠢的事。当大多数人都试图展现聪明才智时，我的目标仅仅是避免愚蠢。我深知，要想在生活中获得成功，就必须远离愚蠢的言行。然而，这远比想象中更具挑战性。"

作为减少愚蠢行为的典范，芒格为何如此致力于规避那些常见的错误和非理性行为呢？他的回答简单而直接：因为这种方法效果显著，实用性强。逆向思考或许与直觉相悖，但变得极其聪明并非易事。倘若你能洞察四周，识别潜在的危机，追溯其根源，并设法规避，你便会发现这是一个既简便又高效的方法来寻求机遇和规避风险。值得一提的是，芒格这种逆向解决问题的思路深受卡尔·古斯塔夫·雅可比的启发，这位19世纪的数学家曾留下至理名言："反过来想，总是反过来想。"

下面举一个经典的实例：1986年，查理·芒格受邀在洛杉矶一所预科学校的毕业典礼上发表了一场别开生面的演讲。他并未推销所谓的成功秘诀，也未灌输泛滥的心灵鸡汤，而是以从容不迫的姿态，揭示了一剂独特的药方，遵循此方，你将会不可自拔地深陷痛苦的旋涡之中，从此过上苦日子：不可信赖、寸步不让、心怀不满、睚眦必报、妒火中烧、嗜酒如命、不从他人各种经历中吸取经验教训、顽固不化、当遭受生命中的挫折时萎靡不振等。

为实现更睿智与富有的人生，要先从芒格身上学到防止自己做蠢事的心理诀窍，就是要想象后果，用后果来推导出自己不该做什么。结果导向的逆向思维法，可以帮助人们认识哪些错误的行为可能导致自己不幸的结果，然后小心谨慎地避免自己做出这种自我毁灭的行为。芒格也曾很幽默地说道："很多人对中大奖如此感兴趣，以至于他们不去想那些可能阻止他们中大奖的蠢行。"

纵观芒格和巴菲特的投资事业，他们就是用这种逆向思维法规避了很多灾难，即不做什么比做什么更重要。

第五节　查理·芒格的人生感悟

下面是芒格在2007年南加州大学毕业典礼上的演讲中分享的部分他的人生感悟。

一、得到一件东西的最好方式，是让自己配得上它

我非常幸运，很小的时候就明白了这样一个道理：如果你想要得到某样东西，最稳妥的方法就是让自己配得上它。这是一个十分简单的道理——黄金法则。

我们要学会己所不欲，勿施于人。拥有这种精神的人在生活中能够赢得许多东西。他们赢得的不只是金钱和名誉，还赢得了尊重，理所当然地赢得与他们打交道的人的信任。能够赢得别人的信任是非常快乐的事情。

二、正确的爱应该以仰慕为基础，我们应该去爱那些对我们有教育意义的先贤

我很小就明白的第二个道理是正确的爱应该以仰慕为基础，而且我们应该去爱那些对我们有教育意义的先贤。我懂得这个道理且一辈子都在实践它。萨默赛特·毛姆（Somerset Maugham）在他的小说《人性的枷锁》中描绘的爱是一种病态的爱，那是一种病，如果我们发现自己有这种病，应该赶快把它治好。

三、智慧是一项道德责任，我们需要终身学习

我不断地看到有些人在生活中越过越好，他们不是最聪明的，甚至不是最勤奋的，但他们是学习机器，他们每天夜里睡觉时都比那天早晨聪明一点点。芒格提到了中国的孔子，引用了一句话："获得智慧是一种道德，是一种责任。"

那是因为人类发明了发明的方法。其本质就是人类掌握了真正的学习方法，同样的道理，我们只有学习了学习的方法之后才能飞速进步。我非常幸运，在我这漫长的一生中，没有什么比持续学习对我的帮助更大。

四、思维要得到实践（摒弃虚伪知识）

普朗克获得诺贝尔奖之后，到德国各地作演讲，每次讲的内容大同小异，都是关于新的量子物理理论的内容。时间一久，他的司机记住了讲座的内容。司机说："普朗克教授，我们老这样也挺无聊的，不如这样吧，到慕尼黑让我来讲，你戴着我的司机帽子坐在前排，你说呢？"普朗克说："好啊。"于是司机走上讲台，就量子物理发表了一通长篇大论。后来有个物理学教授站起来，提了一个非常难的问题。演讲者说："哇，我真没想到，我会在慕尼黑这么先进的城市遇到这么简单的问题。我想请我的司机来回答。"

这就是"司机知识"，他们掌握了鹦鹉学舌的技巧，他们可能有漂亮的头发，他们的声音通常很动听，他们给人留下深刻的印象。但其实他们拥有的是伪装成真实知识的"司机

知识"。

五、人需要有跨学科的心态才能高效而成熟地生活

我们必须跨学科学习，要接触那些我们不擅长或不了解的东西。如果你们能够做到这一点，我郑重地向你们保证，总有一天你们会在不知不觉中意识到"我已经成为我的同龄人中最有效率的人之一"。

我有一条"铁律"：我觉得我没资格拥有一种观点，除非我能比我的对手更好地反驳我的立场，我认为我只有在达到这个境界时才有资格发表意见。

六、学会逆向思考能把事情想得更明白

我发现的另外一个道理蕴含在麦卡弗雷院长刚才讲过的故事中。故事里的乡下人说："要知道我会死在哪里就好啦，我将永远不去那个地方。"这乡下人说的话虽然听起来很荒唐，却蕴含着一个深刻的道理。

对于复杂的适应系统及人类的大脑而言，如果采用逆向思考，问题往往会变得更容易解决。如果我们把问题反过来思考，通常就能够想得更加清楚。

也许从逻辑上来看两种方法是一样的，但那些精通代数的人知道，如果问题很难解决，利用反向证明往往就能迎刃而解。生活的情况跟代数一样，逆向思考能够帮助我们解决正面思考无法处理的问题。

让我现在就来使用一点儿逆向思考。什么会让我们在生活中失败呢？我们应该避免什么呢？有些答案很简单，例如，懒惰和言而无信会让我们在生活中失败。如果我们言而无信，就算有再多的优点，也无法避免悲惨的下场。因此，我们应该养成言出必行的习惯，懒惰和言而无信显然是要避免的。

七、远离自我中心的潜意识，避开自怜

有一种叫作"自我服务偏好"的心理因素也经常导致人们做傻事，它往往是潜意识的，许多人都难免受其影响。

我们认为"自我"有资格去做它想做的事情，例如，透支收入来满足它的需求，那有什么不好呢？嗯，从前有一个人，他是全世界最著名的作曲家，可是他大部分时间过得非常悲惨，原因之一就是他总是透支他的收入。那位作曲家叫莫扎特。连莫扎特都无法摆脱这种愚蠢行为的毒害，我觉得我们更不应该去尝试它。

总的来说，嫉妒、怨憎、仇恨和自怜都是灾难性的思想状态。过度自怜可以让人近乎偏执，偏执是最难逆转的东西之一，我们不要陷入自怜的情绪中。

八、如果想要把某件事情做好，兴趣和勤奋是必要的

如果我们真的想要在某个领域做得很出色，那么我们必须对它有强烈的兴趣。我可以强迫自己把许多事情做得相当好，但我无法将我没有强烈兴趣的事情做得非常出色。

九、时刻迎接麻烦和痛苦

你们很可能会说:"谁会在生活中整天期待麻烦的到来啊?"其实我就是这样的。在这漫长的一生中,我一直都在期待麻烦的到来。这并没有让我感到不快乐。这根本对我没有任何害处,实际上,这对我有很大的帮助。

每个人都会遭到沉重的打击,甚至不公平的待遇。有些人能挺过去,有些人不能。爱比克泰德(古罗马哲学家)的态度能够引导人们作出正确的反应。他认为生活中的每一次不幸,无论多么倒霉,都是一个锻炼的机会。

十、人们不应该在自怜中沉沦,而是应该利用每次打击来提高自我

当我们回首往事时,就会发现,那些让我们终生难忘的、值得怀念的、人生的重要经历,都集中在那些曾经让我们觉得困难的事情上。

实际上,这些困难是在增长我们的见识,提高我们的能力,磨炼我们的心智。正如一位将军所说:"那些未能将我置之死地的事,会使我变得更有力。"

那些越能让我们在当下感到痛苦的事,其实是我们主动体现生活艰辛的一个机会,因为痛苦才是感悟人生的最佳方式。泰戈尔在《飞鸟集》中曾说:"唯有经历过地狱般的磨炼,才能炼出创造天堂的力量;只有流过血的手指,才能弹出世间的绝响。"

十一、在尊敬的人手下工作

变态的工作关系也是应该避免的，我们要特别避免在我们不崇敬或者不想像他一样的人手下干活，那是很危险的。所有人在某种程度上都受到权威人物的控制，尤其是那些为我们提供回报的权威人物。要正确地应对这种危险，必须同时拥有才华和决心。

在我年轻的时候，我的办法是找出我尊敬的人，然后想办法调到他手下去，但是别批评任何人，这样我通常能够在好领导手下工作。许多律师事务所是允许这么做的，只要我们足够聪明，能做得很得体。总之，在优秀的人手下工作，在生活中取得的成就将会更加令人满意。

第六节 查理·芒格的经典语录与相关著作

一、查理·芒格的经典语录

把复杂人生大道至简，是芒格的秘密。作为千载难逢的投资大师，芒格的投资理念同样简单至极。回顾他这一生的经典名言，充满智慧与震撼。

1. 许多智商很高的人却是糟糕的投资者，原因是他们的品行有问题。

2. 不要同一头猪摔跤，因为这样你会把全身弄脏，而对方却乐此不疲。

3. 只要做好准备，在人生抓住几个机会，迅速地采取适当的行动去做简单而合乎逻辑的事情，这辈子的财富就会得到极大的增长。

4. 如果你想要得到某样东西，最稳妥的方法就是让自己配得上它。

5. 你不必非常出色，只需要在很长的时间内保持比其他人聪明一点点就够了。

6. 我这辈子遇到的聪明人没有不每天阅读的，一个都没有。

7. 我认为，我们的成功来自我们对生意的理解、对人类本性的理解及我们选择的投资哲学。

8. 获得不止一种学科的基础教育是最有帮助的。这种教育可以让你理解生意和投资，也可以帮助你避免深奥的投资神话。

9. 我们的大脑就像一块肌肉，如果你不常用它，它就会萎缩。

10. 如果你只有一个锤子，那么每个问题看起来都像钉子。

11. 要记住，机会通常不是显而易见的。

12. 我更喜欢思考我为什么会犯错，而不是抱怨别人。

13. 学习避免愚蠢的行为比尝试追求聪明的行为更加重要。

14. 我更愿意犯正确的不受欢迎的决策，而不是错误的受欢迎的决策。

15. 我们不需要更聪明的方法，而是更好地执行。

16. 不要浪费时间在你无法影响的事情上。

17. 避免犯大错比寻找下一个大胜更重要。

18. 你的职业生涯里最重要的决策是选择你的伴侣。

二、查理·芒格的相关著作

查理·芒格作为一位成功的投资者和商业人士，虽然没有撰写过单独的个人著作，但他的思想和观点经常通过访谈、演讲以及与沃伦·巴菲特合作的年度伯克希尔·哈撒韦公司股东大会上进行分享和传达。以下是一些经典的关于查理·芒格的著作或与他相关的书籍。

1.《穷查理宝典：查理·芒格的智慧箴言录》(*Poor Charlie's Almanack: The Wit and Wisdom of Charles T. Munger*)

- 作者：[美]彼得·考夫曼 (Peter Kaufman)
- 出版时间：2005 年

2.《查理·芒格传》(*Damn Right: Behind the Scenes with Berkshire Hathaway Billionaire Charlie Munger*)

- 作者：[美]珍妮特·洛尔 (Janet Lowe)
- 出版时间：2000 年

3.《巴菲特和查理·芒格内部讲话》(*University of Berkshire Hathaway*)

- 作者：[美]丹尼尔·佩科 (Daniel Pecaut)
- 出版时间：2014 年

4.《芒格之道》(*The Charlie Munger Way*)

- 作者：查理·芒格 (Charlie Munger)
- 译者：RanRan
- 出版时间：2023 年

第六章

市盈率鼻祖

——约翰·聂夫
(John Neff,1931年—)

― 人物卡片 ―

姓　　　名：约翰·聂夫（John Neff）

出生日期：1931年9月19日　　国　　籍：美国

星　　　座：处女座　　生　　肖：羊

学　　　历：托莱多大学（主修工业营销）、银行业和金融业硕士

职　　　业：投资家、威灵顿公司温莎基金经理

成就与贡献：能够经历漫长岁月检验的所谓"股神"并不多，约翰·聂夫无疑是其中之一。他与彼得·林奇和比尔·米勒一起被美国投资界公认为"共同基金三剑客"。作为比肩彼得·林奇的投资大师，他在执掌温莎基金的31年里，22次跑赢市场，投资增长55倍，累计平均年复合回报率达13.7%，年平均收益率超过市场平均收益率达3个百分点。另外，他还义务为宾夕法尼亚大学管理校产基金，在16年时间里，基金规模从1.7亿美元增长至18亿美元。

美国《纽约时报》（2006年）评选出全球十大顶尖基金经理人，约翰·聂夫被称为"市盈率鼻祖""价值发现者""伟大的低本益型基金经理人"，排名第六。

约翰·聂夫的低市盈率投资策略和成功经验对后来的

投资者产生了深远的影响。他的投资哲学和稳健的投资风格被广泛研究和模仿,成为许多投资者追求的目标。

人物特点:他勤奋工作,对投资保持高度的专注和自律,不断提升自己的投资能力。他具有独到的投资眼光,能够识别出被市场低估的优质公司,通过对公司进行深入分析,评估其内在价值,确保投资决策的合理性。

第一节　早期人生经历

1931年9月19日,约翰·聂夫出生于美国的俄亥俄州。父母在他4岁时离婚了,最初母亲带着聂夫寄居在外公家。外公不知疲倦地辛劳,使他们的日子好过了很多。

小学一年级时,班主任给他的评语是"好斗"。聂夫回忆时说道:"我要是和别人争论起来从不放弃,甚至面临极大的权威也依然故我。我母亲常常说我适合做一名律师,因为我走路遇到一个路标都会和它辩个不休。她或许是对的。长期来看,我干得还要更加出色,因为我会和整个证券市场争辩。"

小学二年级时,外公离世。说起家世,聂夫自嘲地说,他的许多长辈都是企业家,只不过家道中落,现在变成了一个落魄家族。1941年,母亲改嫁给一位名叫吉姆·哈顿(Jim Hutton)的石油企业家,随后全家一直在密歇根漂泊,最终定居于得克萨斯州。

1944年暑假,聂夫白天做球童,晚上去送报纸,每周能赚

40美元，差不多相当于流水线上一个成年工人的收入，这些经历给他留下诸多回忆。高中时，聂夫也在外打工，对学习并无兴趣，因此，学业无长进。但聂夫在大学时的表现与在中学时的表现相比有天壤之别，因为大学时的聂夫变得更加成熟且有自己的学习动机。

中学毕业后的聂夫回到外公的家乡，做了许多工作。1950年，从事汽车和工业设备供应行业的聂夫生父，或许是出于聂夫4岁之后没有给过经济支持而感到愧疚，于是劝说聂夫参与他的生意管理。这段经历使其终生受用。

聂夫曾说："为我父亲工作至少让我明白了一个事实：赚钱并不需要什么特别的魅力。实际上，如果你可以找到沉闷乏味但同时又有利可图的业务，那么你肯定可以轻松赚取大把大把的钱，因为这样的行业吸引不了太多竞争者。同时，对于任何商品，买得好才能卖得好！他和供应商讨价还价也很有一套，这让他在顾客面前享尽有利地位。多年后，我也深入领会了砍价的精髓，因此能够得心应手地对市场不依不饶，为股票讨个好价钱。"

约翰·聂夫曾自愿参加海军，为期两年。其间，他学会了航海电子技术，那时的聂夫还没有梦想投资股票，更不用说去管理美国最大的共同基金（温莎基金在1985年停止接纳新客户之前一直是美国共同基金的行业领袖）了。

不过在出发服役前，生父建议聂夫购买 Aro 设备公司的股票，并承诺有任何损失他都将给予补偿。就这样，在参加海军服役的路上，聂夫第一次成了证券投资市场的一位参与者。服役期间，聂夫无意得到一本谈论投资的册子，这时他对股票的兴趣开始萌芽，这是聂夫投资生涯的最早标志。

服役期满，约翰·聂夫决定继续深造，于是踏入托莱多大学攻读工业营销专业。这期间，他接触到了两门课程——公司财务与投资，这两门课程点燃了他对金融世界的浓厚兴趣，也为他指明了未来的人生道路。值得一提的是，当时托莱多大学金融系的掌门人是才华横溢的西德尼·罗宾斯（Sidney Robbins）教授，他不仅对格雷厄姆的经典之作《证券分析》进行了重要的修订工作，更是激发了一代又一代的投资人才。

聂夫曾深情地回忆道："那两门课程为我打开了一扇全新的窗户，激发了我的无限想象，让我领略到了投资的深邃与魅力。那一刻，我坚信自己或许能在这个领域大展拳脚。"于是，聂夫从最初的投资理论学习起步，后来又通过夜校进修，最终获得了银行业和金融业的硕士学位。

1955年1月，满23岁、服过海军兵役、刚刚大学毕业的聂夫，站在托莱多市高速公路入口的坡道上等车，前往纽约参加几场招聘会，意图探寻自己是否具备成为一名股票经纪人的潜质。然而，由于他初出茅庐，有人建议他或许更适合从事证券分析工作。考虑到他的妻子对纽约并无好感，约翰·聂夫最终决定在克利夫兰国家城市银行担任证券分析师。

然而，在 1955 年，美国社会的就业情况使投资行业并未受到热捧，更谈不上是主流选择。当时，最出类拔萃、才智过人的求职者普遍倾向于加入如福特汽车和通用电气这样的大型企业。然而，聂夫却选择踏入当时并不被看好的华尔街。他的这一决定深刻地体现了他一生坚持的投资哲学——逆向投资。

虽然当时的股票市场名声不佳，但实质上正处于复苏阶段。因为第二次世界大战后美国经济正在恢复，整体趋势向好，物价也保持稳定。就在 1954 年，美国的国民生产总值已接近 4000 亿美元，创下了新的历史纪录。高尔夫球运动的兴起及休闲玩家的激增，都成为经济复苏的明显信号。

就这样，怀揣着天生的自信和批判性思维，聂夫仅凭修读过两门金融课程的知识，以及一本被翻得破旧的《大崩盘》（描述 1929 年股市崩盘事件的书籍，便勇敢地踏入了专业投资领域）。

约翰·聂夫当时秉持一个信念：最具投资价值的股票，往往是那些当前市场最不看好的。然而，这一观点时常与信托部门的委员们产生冲突。委员们更倾向于推荐大公司的股票，因为这些股票能够为客户提供一种心理上的安慰，尽管它们的盈利能力并不强。

约翰·聂夫的导师亚特·伯纳斯（Art Boanas）（聂夫的贵人，为其提供了走出大学校门的第一份工作，并耐心地鼓励与教导聂夫）是一个彻头彻尾的根基理论者。他认为投资成功的秘诀就是要比其他的人看得远，且印证你的观点。一旦你下定决心，就坚持下去，要有耐心。（笔者注：这也看投资环境，比如当时宏观和投资国的风土人情，不同的土壤有不同的资本市场，不同时期也会不一样。当然做多需要如此，做空亦然。）这种投资风格后来变成了约翰·聂夫自己的风格，而且让他受益无穷。

鉴于克利夫兰国家城市银行仅有6位分析师，公司研究领域因而被简明地划分为6个部分。其中，约翰·聂夫肩负一个板块的研究任务，涵盖六大行业，具体为化工、制药、汽车及其零部件制造、橡胶、银行及金融等领域。随后，聂夫晋升为该银行信托部门的研究主管。

作为行业新手，聂夫对诸多领域尚不熟悉。因此，他决定从自己深感兴趣的行业——汽车业入手，同时他也投入大量时间钻研化学和科技方面的专业知识。某次，他前往伊士曼·柯达公司进行实地考察，其间他提出的问题极具专业性，让随行的公司高层误以为他拥有化学工程学位。这足以证明，约翰·聂夫对每一项工作都满怀热情，且能够迅速成为该领域的专家。

然而，一次陪同资深汽车分析师前往福特汽车公司的考察经历，对约翰·聂夫产生了深远影响。他惊讶地发现，那位经验丰富的分析师居然驾驶着一辆破旧不堪的汽车，这让他对分析师的职业前景产生了怀疑，并在心中悄然种下了向投资经理转型的念头。

1955—1963年，约翰·聂夫在克利夫兰国家城市银行担任了8年的证券分析师，这段经历为他日后的投资生涯奠定了坚实的基础。1963年，他做出了职业生涯中的一次重要转变，加入了威灵顿公司，这也标志着他与温莎基金合作关系的开始。

第二节 温莎基金的曙光

1963年，约翰·聂夫离开克利夫兰国家城市银行之后，进入费城威灵顿基金管理公司（Wellington Management Company）。

威灵顿基金由沃尔特·L.摩根（Walter L. Morgan）于1928年创立，是少数几家能够在1929年大萧条中顽强生存下来的基金之一，因而声名远扬。时至1963年，威灵顿基金管理资产规模已高达20亿美元。然而，在1962年，该基金的表现颇为不佳，跌幅达到了25%，而同期标普500指数的跌幅仅为8.7%。

这一显著差距导致大量投资者从这只规模达7500万美元的基金中撤离。更为严重的是，该基金的糟糕表现也对威灵顿公司的核心基金——威灵顿基金的声誉造成了不利影响。为了维护其声誉，公司不能容忍其股票型基金对整体品牌造成任何负面影响，在此背景下，威灵顿股票型基金决定更名为温莎基金。

约翰·聂夫来到温莎基金之后，经过深入研究和观察，他敏锐地捕捉到温莎基金在股票选择上的弊端。原先的经理在生物技术风靡时购入生物科技股，在石油行业繁荣时买进石油股，在网络股受热捧时又转向网络股。换言之，温莎基金偏好选择备受市场追捧的热门股票，这种做法无疑是在追逐一个已经被击出的球。然而，更为明智的策略应该是预判球未来的落点并提前布局。

由于温莎基金大量购入热门股票，导致其持有的股票市盈率普遍高于市场平均值。众所周知，股价由每股收益与市盈率的乘积决定，股价的波动取决于每股收益和市盈率的变化。值得注意的是，每股收益与市盈率往往呈现出同向变化的趋势。具体来说，当每股收益增加时，由于投资者对未来的乐观预期，市盈率通常也会随之上升，从而推动股价攀升，这就是广为人知的"戴维斯双击"现象。然而，一旦情况逆转，就会出现"戴维斯双杀"。

由于温莎基金大量持有之前高增长、高市盈率的股票，若高增长难以为继，则投资者预期将变得悲观，市盈率会迅速下降，股价也会大幅下跌。这正是温莎基金亏损的症结所在。

约翰·聂夫上任后，迅速行动，他成功地说服了投资决策委员会，对 AMP（Australian Mutual Provident Society）公司加大投资力度。在此过程中，他逐步确立了自己在投资决策领域的权威地位，并与威灵顿公司协商，为自己配备了一位专属的证券分析师。一手资金，一手人才，双管齐下。

紧接着，聂夫引领了温莎基金的投资策略改革，他将投资目标划分为两大类：成长型股票和基础产业型股票。成长型股票指的是具有明确成长前景、盈利能力和股息分配均高于市场平均水平的股票；而基础产业型股票则指的是构成美国经济长期发展基石的企业股票。

在聂夫的理念中，投资应该追求简洁明了。得益于他的不懈努力，温莎基金的表现有了显著提升。仅在1964年，该基金的收益率就达到了29.1%，超过标普500指数17个百分点，使得该基金的净资产迅速攀升接近1亿美元。

在《约翰·聂夫的成功投资》一书中第三部分，聂夫曾详尽地记录了他丰富多彩的投资生涯，逐年回顾了市场的风云变幻及其关键投资决策。

1970年，尽管美股市场低迷，却为温莎基金带来了投资机会。约翰·聂夫大量收购了包括福夸工业公司在内的多家综合企业。仅仅到1971年7月，福夸工业公司的股票就为温莎基金带来了翻倍的收益。

随着1971年美股的上涨，约翰·聂夫看中了怀特汽车公司，并对其未来扭亏为盈充满信心。在1971年的8—9月，温莎基金的投资回报率超过了43%。

到了1972年，"漂亮50"热潮席卷美股，而秉持保守投资策略的温莎基金却面临挑战。在市场疯狂追捧这些热门股票时，约翰·聂夫却毅然卖出了手中唯一的"漂亮50"股票——IBM，充分展现了他逆向投资的勇气。

1973年，美股市场出现逆转，"蓝色恐慌"替代了"漂亮50"的热潮，低知名度的成长股受到冲击。在这恐慌的氛围中，约翰·聂夫果断买入了坦迪公司的股票。尽管当年温莎基金的业绩受到一定影响，但股市的大幅下跌为未来的上涨奠定了基础。

1974年，"漂亮50"彻底崩溃，市场氛围极度低迷。然而，约翰·聂夫却在这时买入了布朗宁-菲利斯公司，这是一家连续4年保持超过17%增长的固体废物处理企业，当时的市盈率竟不到6倍。温莎基金持有这只股票超过两年，获得了翻倍的利润。

1975年，温莎基金取得54.5%的收益率，超越标普500指数17.4个百分点。约翰·聂夫卖出了许多盈利丰厚的股票，包括吉姆沃特、哥伦比亚广播公司和孟山都等。

1976年，约翰·聂夫继续运用他成功的低市盈率策略，将投资或止损的资金重新投入被市场冷落的股票中。这一年，温莎基金以46.4%的年度回报率再次大幅超越标普500指数约20个百分点。

到了1977年，约翰·聂夫大量购入汽车和石油等周期性股票，如通用汽车、福特汽车和埃克森石油公司（现名为埃克森美孚公司），这些股票当时明显被低估。

1978年，温莎基金的平均市盈率为5.6倍，对应的盈利收益率为17.86%。约翰·聂夫测算，投资者可以享受超过15%的总回报率，这还未包括市盈率扩张带来的潜在收益。

1979年，温莎基金再次投资了三角洲航空公司，此时该公司的各项指标已大幅增长，但股价仍未有明显提升。

1980年，市场焦点转向石油能源股，多家石油公司的股票价格翻倍。尽管温莎基金仅持有两家石油公司的股票，但约翰·聂夫根据自己的判断，清仓了凯马特并继续增持麦当劳。

随着1981年石油股的大幅下跌，约翰·聂夫开始大量买入，一个季度的买入额就接近8000万美元。

到了1982年，温莎基金的管理规模已达10亿美元，回想起约翰·聂夫刚加入威灵顿公司时，温莎基金的管理规模仅为7500万美元。这一年，道琼斯工业平均指数在16年后重新站上1000点。

1983年，约翰·聂夫购入了许多大幅折价的股票，如汉华银行和信诺保险。

1984年，约翰·聂夫继续增持通用汽车和福特汽车，认为国内经济复苏和稳定的油价对汽车消费是利好消息。次年，福特汽车的涨幅达到了85%。

到了1985年，约翰·聂夫决定停止新的投资者进入温莎基金，他更注重业绩而非基金规模。

1986年，美股市场火爆，约翰·聂夫继续增持汽车股，并买入了克莱斯勒汽车、美国铝业和加拿大铝业的股票。到1987年，温莎基金在铝业板块的收益超过了50%。

经历1987年的"黑色星期一"后，约翰·聂夫采取了净买入策略，这再次体现了他的逆向投资策略。

事情的具体经过是这样的：1987年，随着温莎基金持有的摩根股票大幅上涨，约翰·聂夫开始寻找替代的投资标的，而花旗银行进入了他的视野。当时，花旗银行的市盈率远低于市场平均水平，仅为7~8倍。这一低估值主要是由于市场对花旗银行在拉丁美洲的贷款感到担忧，加之监管压力，花旗银行不得不计提大量准备金，导致其1985—1987年的财报数据表现不佳。

而约翰·聂夫却与市场普遍的悲观预期背道而驰。他认为，花旗银行在这几年的财报中"过度"反映了其面临的困境。实际上，花旗银行的真实盈利能力可能被低估了。基于这一判断，他决定投资花旗银行。

然而不幸的是，1988年，经济陷入萧条，许多商业地产项目受到重创，作为众多地产项目贷款方的花旗银行也受到了波及。通常情况下，银行会选择折价出售不良贷款以回笼资金，但花旗银行的董事长约翰·里德却选择了坚守。这段时间对他来说极为艰难，媒体甚至以"焦头烂额的约翰·里德"为标题进行报道，这一标题一度让约翰·聂夫误以为这就是花旗银行董事长的真名。

第六章　市盈率鼻祖　175

这种困境一直持续到 1990 年。在此期间，约翰·聂夫对花旗银行的基本面进行了深入分析。他发现，尽管其商业不动产业务受损，但消费者业务和信用卡业务却表现强劲。当年花旗银行之所以没有盈利，主要是因为计提了大量的房产贷款准备金。约翰·聂夫预测，随着房地产市场的复苏和各项业务的持续发展，花旗银行最终会走出困境。因此，他决定继续增持花旗银行的股票。

到了 1991 年，花旗银行的股价仍在下跌。温莎基金的平均持股成本约为 33 美元/股，而当时花旗银行的股价已跌至 14 美元/股。在持仓 4 年后，浮亏达到了 58%。这对基金经理的耐心和信心都是一次巨大的考验。这也再次印证了投资中那句老话"知易行难"，面对市场波动时保持冷静并非易事。

尽管如此，约翰·聂夫依然坚持逆势加仓。最终，温莎基金对花旗银行的持仓量达到了 2300 万股，总价值 5 亿美元，平均持股成本降至约 22 美元/股。但随后，花旗银行的负面新闻接踵而至，甚至传出了破产的传闻。到 1991 年年底，其股价进一步跌至约 8 美元/股。这意味着即使温莎基金不断买入以降低成本，其投资组合的净值仍然缩水了 2/3。对于基金经理来说，这无疑是极为艰难的时刻。

但约翰·聂夫顶住了压力，坚持不卖出股票。最终他的决策得到了回报：从 1992 年开始，花旗银行的股价逐渐回升，最终涨幅超过了 8 倍。当然，从事后来看这一切似乎很容易，但在当时做出这样的决策却需要极大的勇气和智慧。在总结这次投资经历时，约翰·聂夫曾说道："对我们来说，那些看似不起眼的股票往往隐藏着巨大的潜力。如果温莎基金的投资组合总是那么好，那我们可能就没在认真做事了。"

随着 1988 年股市的回暖，温莎基金的持仓股票表现强劲，如美国银行和巡回城市百货的涨幅分别达到了 100% 和 97.3%。这一年，温莎基金再次以 28.7% 的收益率领先标普 500 指数 12.2 个百分点。

1989 年，尽管温莎基金因重仓的汽车股和基本商品周期股表现不佳而落后于指数，但仍取得了 15% 的正回报。值得注意的是，1975—1989 年，温莎基金连续 15 年实现了正收益。

进入 20 世纪 90 年代，尽管温莎基金持有的价值股未受到市场的青睐，但约翰·聂夫坚信忍耐和等待是投资中不可或缺的一部分。

1991 年，道琼斯工业平均指数首次站上 3000 点之际，约翰·聂夫调整了持仓结构，清仓了通用汽车并增持了花旗银行、安泰人寿和拜耳制药等股票。他的持仓分布广泛，涉及金融、医药、制造、能源、科技和消费类股票。

1992 年，约翰·聂夫发掘了飞利浦公司这一国际知名的电子产品生产商，并因其持有的宝丽金股权价值而大量买入。温莎基金在买入后的一年里收获了 90% 的回报。

1993年，温莎基金继续表现出色，以19.4%的收益率领先标普500指数9.3个百分点。约翰·聂夫认为，在看似不可避免的市场大调整中才能找到重大的投资机会。

随着1994年约翰·聂夫职业生涯的临近尾声，他回顾了自己的投资之旅并深感满足。他忠实履行了对股东的受托责任，并通过义务管理校产基金的方式回馈了社会。

1995年，约翰·聂夫卸任基金经理人选择退休。31年间，先锋温莎基金总投资报酬率达55.46倍，而且累积31年平均年复利报酬达13.7%，年平均收益率超过市场平均收益率3个百分点，在基金史上尚无人能与其匹敌。由于操作绩效突出，至1988年年底，先锋温莎基金资产总额达59亿美元，成为当时全美最大的资产与收益基金之一，并停止招揽新客户。至1995年，约翰·聂夫卸任基金经理人之时，该基金管理资产规模已达110亿美元。

第三节 约翰·聂夫的投资原则

聂夫所采取的投资策略并非难以捉摸的复杂方法，恰恰是众所周知的低市盈率投资法。他的辉煌成就充分证明了，出色的投资回报并不取决于那些被神秘化的"投资秘籍"，而是源于对简洁且合乎逻辑的策略的持之以恒。在《约翰·聂夫的成功投资》一书的第二部分，他慷慨地将自己的宝贵经验与深刻见解与读者分享。

聂夫的投资风格可以综合为七个核心要点：低市盈率优先；基本增长率超过 7%；高股息率，持续分红；总回报率超过市场平均水平两倍；除非从低市盈率得到补偿，否则不买周期性股票；成长行业中的稳健公司；基本面良好。这些策略贯穿了他的保守投资理念，与格雷厄姆提出的"安全边际"概念不谋而合，共同强调在投资过程中寻求稳定性和可预测性。下面，将逐一分析和拆解这七条投资原则。

一、低市盈率优先

在约翰·聂夫任职温莎基金之前，该基金陷入亏损的主要原因是买入了大量高市盈率的股票，这也是促成约翰·聂夫倾向于低市盈率策略非常重要的诱因。而市盈率是评估股票价值的重要指标，它反映了公司市值与其净利润之间的比例关系。

简而言之，市盈率表示的是，为了获得 1 美元的收益，投资者需要支付多少股价。然而，有一点需要明确：相同的收益并不等同于相同的投资价值。这是因为市盈率主要是基于过去的数据来计算的，它反映的是历史收益情况。而在投资决策中，对未来收益及其增长潜力的预判才是至关重要的。

以银行业和医药行业为例，银行业通常维持着大约 5 倍的低市盈率，而医药行业则很难找到市盈率低于 20 倍的投资机会，这种差异主要源于投资者对这两个行业未来增长潜力的不同看法。当然，还有诸多其他因素会影响股票的估值，比如利润的质量或"含金量"。

总的来说，市盈率是一个有用的工具，但投资者在使用时，必须结合其他指标和市场情况，进行全面而深入的分析。

选择投资较低市盈率股票的好处是：它们并不依赖于极高的增长率来实现回报。以约翰·聂夫的观点为例，他阐述了这样一个场景：假设一家公司的市盈率为13倍，且其增长率为11%，那么在市盈率保持稳定的情况下，投资者有望获得11%的潜在增值，然而，如果这家公司的市盈率回落至8倍水平，同时保持11%的增长率，那么一旦市盈率提升至11倍，投资者便可能获得高达53%的增值空间。

简言之，挑选低市盈率股票，为投资者提供了灵活的策略选择。在市场不景气时，这样的股票至少能保障基本的盈利增长；而当市场状况转好时，投资者还有机会享受到估值提升带来的额外收益。这一策略实质上与"安全边际"的价值投资原则不谋而合，为投资者在不确定的市场环境中提供了一种稳健的投资方式。由于在现实的资本市场里，哪怕最火热的白马股，也不能不计成本地高价买入，一旦高估后股价一样会下跌。

二、基本增长率超过7%

1987年，《巴菲特致股东的信》一书中提到的一组数据：在1977—1986年期间，美国1000家公司中，只有25家公司的年均净资产收益率（ROE）超过20%，且每年都不低于15%，所占的比例仅为2.5%。这一数据从侧面反映了长期保持高增长和高收益率的极大挑战性。如前所述，一旦高增长率未能达到预期，可能会引发"戴维斯双杀"的风险。

聂夫明白这个道理,因此,他在选择股票时,更倾向于那些增长率为 7%~20% 的公司。不过,并非所有低市盈率的股票都值得投资,因为这类股票存在两种情况:一种情况是公司的基本面强劲但被市场低估;另一种则是被普遍认为的"价值陷阱"——这些股票表面上看似价格低廉,但实际上可能已停止增长,甚至步入了衰退阶段,其真实价值正逐渐趋近于零。鉴于此,约翰·聂夫的投资策略主要聚焦于增长率超过 7% 的公司。

三、高股息率,持续分红

聂夫对股息率给予了高度重视,他引用格雷厄姆和多德的观点,强调分红回报是公司成长过程中最稳定且可信赖的组成部分。在约翰·聂夫执掌温莎基金期间,其费用后的年化回报率超出了标普 500 指数约 3.15 个百分点,其中,高达 2 个百分点的股息率贡献显著。

低市盈率与高股息率往往是相辅相成的。以两家公司为例,假设它们都有每股 2 美元的收益和 0.5 美元的分红,但当市盈率为 10 时,其股价为 20 美元/股,此时的股息率为 2.5%;而当市盈率上升至 25 时,股价涨至 50 美元/股,股息率则降低至 1%。这清楚地表明,在利润和分红相同的情况下,较高的市盈率通常会导致较低的股息率。

在聂夫的理念中,分红被视作一种零成本的收益来源。众多投资者正是通过对高分红率公司的投资，逐渐收回了投资成本，甚至将持仓成本降至负数。不过这个也要看情况，具体问题具体分析，以英特尔公司为例，尽管该公司从未进行过分红，但这并不妨碍它成为一家创造奇迹的高成长企业。

四、总回报率超过市场平均水平两倍

约翰·聂夫给总回报率的定义是：收益增长率＋股息率。

他提出了一种独特的评估方法，即通过比较总回报率和市盈率来确定投资的吸引力。具体来说，当一只股票的总回报率与市盈率的比值大于2时，这样的股票被视为具有极高的投资价值。

举例来说：1984年，耶路货运公布的数据显示，其收益增长率为12%，股息率为3.5%，合计总回报率为15.5%。而其市盈率为6倍，通过计算发现，其总回报率与市盈率的比值为2.58，这明显超过了聂夫的标准。因此，这只股票在当时被视为一个非常有吸引力的投资目标。

相反，到了1999年，标普500指数的成分股平均收益增长率为8%，股息率为1.5%，给出的总回报率为9.5%。然而，其市盈率高达27倍。计算得出的总回报率与市盈率的比值仅为0.35，远低于聂夫的标准。因此，按照这一标准，这些股票并不被视为值得投资的对象。

为了更直观地理解聂夫的标准，可以将其与彼得·林奇常用的PEG（市盈增长率）指标进行对比。PEG是通过将一家公司的

市盈率与其盈利增长率相除得到的。PEG 值越小，通常意味着该公司被低估的程度越高。一般来说，当 PEG 值小于 1 时，可能是一个买入的好时机。

但值得注意的是，按照 PEG 的选股逻辑，只要盈利增长率超过市盈率即可。而约翰·聂夫的标准则更为严格，他要求盈利增长率与股息率之和必须超过市盈率的 2 倍。考虑到股息率往往低于盈利增长率，这实际上使得聂夫的投资标准比单纯依赖 PEG 选股要更为严格和稳健。

注：在计算总回报率、盈利增长率与市盈率的比值时，需将这些百分比数值乘以 100 后再进行相应计算。

五、除非从低市盈率得到补偿，否则不买周期性股票

在聂夫的温莎基金的投资组合中，大约有 1/3 的周期性股票。这类股票因业绩的显著波动，常常引发市场情绪的剧烈起伏，从而导致股价的大幅震荡，为投资者提供了丰富的交易机会。

聂夫的投资策略是在确认公司业绩增长后的 6~9 个月内开始介入，灵活地进行低买高卖的交易。在他执掌温莎基金期间，曾 6 次交易石油巨头大西洋富田公司的股票，展现了他精湛的交易技巧。

然而，聂夫也严肃地提醒投资者，在投资周期性股票时，务必避免在行业景气度的顶峰时期入市。与成长股不同，周期性股票的盈利水平达到高峰后，往往会迅速下滑。这种情况下，业绩和市盈率会呈现出相反的波动趋势。

换言之，市盈率的高点往往对应着业绩的低谷，而市盈率的低点则可能预示着业绩的高峰。若在业绩高峰时买入，则很可能会遭遇企业即将步入下行周期的困境。例如，A股市场上的温氏股份，这家以畜牧养殖为主的企业，在2019年实现了高达140亿元的净利润，自那以后股价从35元/股一度跌至11元/股。

因此，投资周期性股票的关键在于深入理解相关行业的运作机制，并能够大致预测行业和公司的景气周期。而聂夫正是在房地产市场的低迷时期，精准地买入了大陆房产公司的股票，最终实现了超过3倍的投资回报。

六、成长行业中的稳健公司

所有企业都存在业绩下滑的风险，这种下滑可能会影响投资者的信心，从而导致其股价下跌，但这却为聂夫创造了一个理想的购入窗口。只要企业的核心竞争力未被削弱，有能力度过临时的困难，聂夫就会迅速行动，进行投资。他在温莎基金任职期间，几乎投资了美国所有行业和评级的股票。这是因为任何股票都有可能在某个阶段出现市盈率较低的情况。如前所述，如果从10年的长期来看，几乎每一只绩优股都存在一个理想的买入时机。

以美国的哈利伯顿公司为例，这是一家领先的油田服务提供商，在油气井服务领域市场占有率位居首位。1982年，该公司的盈利增长率高达16%，股息率达到5%，而其市盈率却低于5倍。简单计算可知，其总回报率是市盈率的4倍以上，这恰好满足了聂夫选择股票的第四条投资原则。在聂夫投资哈利伯顿公司的次年，即 1983 年，该公司的收益率就在他的投资组合中位居第一。

七、基本面良好

聂夫其实很看重一家公司的基本面。而如果一家公司的基本面疲弱，那么其低市盈率可能恰恰反映了市场的理性判断。而他真正寻找的，是那些被市场误解或低估的股票。

在评估这些股票时，约翰·聂夫主要参考以下几个关键指标。

第一是利润和收入。他认为利润是推动股价上升的关键因素，同时也是公司派发红利的来源。而利润的增长往往依赖于营业收入的增长。虽然利润率的提升也能带来利润增长，但利润率总会触及上限，因此，他同样重视营业收入。

第二是现金流。在约翰·聂夫看来，现金流由留存收益和折旧构成。健康的现金流可以为公司提供更多的资金用于增加分红、回购股票、进行收购或再投资。

第三是净资产收益率。这是一个衡量公司资产效益的重要指标，反映了公司的净资产能产生的效益。

第四是利润率。它表示的是利润与营业收入之间的比例关系，包括营业利润、毛利润、净利润和利润总额等多种计算方式。

总的来说，聂夫所强调的这些基本面指标，都是作为投资者在日常生活中会关注的。投资并不需要追求新奇独特的观点，而是需要坚守那些经得起时间考验的常识，这正是聂夫给投资者的启示。

第四节　温莎基金股票资产配置与卖出股票方式

那么，温莎基金具体是如何配置股票资产的呢？聂夫提出了"衡量式参与"的策略，把自己参与股票的风险和回报，与市场上其他股票的风险和回报不断进行比较衡量，然后始终选择性价比最高的股票。因为投资是相对选择的训练。在所认知的范围内，始终持有收益率更高的资产，获得超过市场平均收益的回报，以期在未来获得更强的购买力，这就是投资的意义所在。

根据"衡量式参与"的思路，约翰·聂夫把股票划分为 4 类：高知名度成长股、低知名度成长股、慢速成长股、周期性成长股。

一、高知名度成长股

该类型股票因业绩出色且广为人知，常常成为基金公司重点资金配置的对象，而聂夫的配置几乎都是高知名度股票，也就是辨识度高的股票。20 世纪 70 年代初，"漂亮 50"大幅上扬，但温莎基金只配置了其中一只——IBM。"与世隔绝"状态的温莎基金当年亏损幅度高达 25%。在这种市场环境下，面对投资者的诘问、责难甚至谩骂，聂夫在 1973 年 11 月写给股东的报告中用几乎恳求的语气写道："自从 1964 年年中以来，我个人的财务和生活已经完全和温莎拴在了一起，不管好坏，我的心跳、我的呼吸已经和温莎股票的波动同步。因此，我恳求你们耐心等待温莎业绩的东山再起，并怀着和我一样坚韧的信心和殷切的期望。"

1974年，"漂亮50"泡沫骤然破裂，许多股票历经长达20年的艰难复苏。在此期间，聂夫选择的低市盈率股票展现了其显著优势。尽管温莎基金在短期内也经历了市场波动，但得益于其强大的抗风险能力，并未受到重大冲击，充分展现了其稳健的防御特性。

二、低知名度成长股

该类型股票相较于高知名度成长股，营收和利润规模虽小，但盈利增长率良好。这些多为小市值公司，市场关注度低，却具有巨大发展潜力。如1974年的爱迪生兄弟百货，虽业务持续增长，但因规模小被市场忽视，后被聂夫发掘，1975年，其投资收益达137%。投资此类股票需坚持分散原则，因公司规模小、不确定性高。聂夫统计，约1/5的低知名度成长股其基本面会出问题，但总体收益仍大于风险，值得投资。

三、慢速成长股

慢速成长股市盈率低，增速慢。但在市场低迷时买入，可通过市盈率扩张获得可观收益。此外，熊市时持有慢速成长股较抗跌，因其市盈率和股价低，股息率高，是理想的防守型资产。

四、周期性成长股

约翰·聂夫将该类股分为两类：一类是基本工业品，如石油和铝品生产商；另一类是消费品，如汽车、飞机制造商。

投资周期性成长股时，应避免在行业顶峰、公司盈利最佳时买入，以防周期转折。周期性成长股的特性是随社会发展而变化，许多行业周期性正在减弱。聂夫以"低估"为唯一标准，不刻意配置板块比重。温莎基金1981年持仓显示，周期性成长股占33.1%，可供参考。

那么，温莎基金具体是在什么节点卖出股票资产呢？与巴菲特不同，聂夫强调股票的最终目的是卖出。他基于公司基本面恶化或股价达到预设值来决定卖出，这与巴菲特的卖出原则相似。作为一名基金经理，他注重策略的灵活性和卖出时机，坚持"低价买入，高价卖出"，不追求逃顶，只求合理利润。例如，他曾买入吉诺公司的股票，在察觉到增速可能放缓后以20%利润卖出。聂夫始终在寻找更具性价比的投资机会，不排斥在市场高估时持有现金或政府债券。

第五节 约翰·聂夫的经典语录与相关著作

一、约翰·聂夫的经典语录

1. 这是个需要机智的工作，要学习的东西一旦开始就似乎变得没完没了。可这正是证券市场的魅力所在，也正是造成痛苦和绝望的源泉。

2. 古希腊哲学家赫拉克利特（Heraclitus）曾说，一个人不能两次踏进同一条河流，因为河流永恒在变。同样，我可以说，一个投资者不能两次踏进同一个市场，因为市场也永恒在变。

3. 大多数人的行为不一定是错的，不过，正确的机会往往不在大多数人之中。

二、约翰·聂夫的相关著作

《约翰·聂夫的成功投资》(*John Neff on Investing*)

• 作者：[美]约翰·聂夫(John Neff)、[美]史蒂文·L.明茨(Steven L.Mintz)

• 出版时间：2001 年

第七章

金融界"股圣"

——彼得·林奇
（Peter Lynch，1944年—）

— 人物卡片 —

姓　　　名：彼得·林奇（Peter Lynch）
出 生 日 期：1944年1月19日　　国　　　籍：美国
星　　　座：摩羯座　　　　　　　生　　　肖：羊
学　　　历：波士顿学院本科、宾夕法尼亚大学MBA
职　　　业：投资家，富达公司（Fidelity）前副主席，富达基金托管人董事会成员之一，慈善家
成就与贡献：彼得·林奇是一位投资家、基金经理和慈善家，被称为金融界的"股圣""现代证券投资的神话"。1977—1990年，在彼得·林奇担任麦哲伦基金经理人职务的13年间，该基金的管理资产由2000万美元增长至140亿美元，基金投资人超过100万人，成为富达公司的旗舰基金，并且是当时全球资产管理金额最大的基金，其投资绩效也名列第一。13年间的年平均复利报酬率达29.2%。他是富达公司的前副主席，还是富达基金托管人董事会成员之一。他懂得急流勇退，在年满46岁达到事业上的顶峰时，宣布退休，回归家庭并投身慈善事业，现居住在波士顿。他在投资方面的见解和方法对投资者产生了深远的影响，并出版了一系列书籍，如《彼得·林奇的成功投资》(One Up on Wall Street : How to Use You Already Know to Make Money in the Market)和《战

胜华尔街》(*Beating the Street*)等。

人物特点：彼得·林奇从生活中寻找投资机会，不盲目跟随市场趋势，有独立思考的能力，并在市场恐慌时保持冷静。主张长期投资，而不是短期操作。他认为长期持有会带来更高的收益。投资者应该分散投资，投资多种类型的股票，以降低投资风险。

第一节　别样球童

彼得·林奇于1944年1月19日出生在美国马萨诸塞州的波士顿。波士顿在美国历史中占据重要地位，曾是"美国革命"及早期战役的地点，19世纪成为废奴中心，20世纪肯尼迪家族在此崛起，21世纪又成为技术、经济与政治中心，吸引了大量研究者和学生。

波士顿这座城市不仅历史悠久，还以其对教育的深刻重视而闻名，这里汇集了包括哈佛大学在内的多所顶尖学府。在这样的文化背景下，林奇接受了优质的教育，为他日后的成功打下了坚实的基础。

他出生在一个中产阶级家庭，父亲曾是波士顿学院的数学教授，后来转行成为高级审计师。这样的家庭背景让林奇在童年时期就有机会接触到股票和基金的相关知识。同时，父亲还是一名热衷于高尔夫球运动的爱好者，他常与同事前往郊外的布雷-伯雷高尔夫球俱乐部切磋球技。而在彼得·林奇刚学会走路时，父亲便经常带他到高尔夫球场体验这项运动的魅力。因此，林奇在年幼时便对高尔夫球运动有了深入的了解并已熟练掌握。

孟子有云,"天将降大任于斯人也,必先苦其心志",林奇也不例外,他的人生并非一帆风顺。3岁时,他的父亲被诊断出患有癌症,家庭经济状况因此急剧下降。为了减轻家庭的经济负担,母亲只得去工厂上班。为了省钱,全家节衣缩食,林奇也不得不从私立学校转入公立学校就读,开始了半工半读的生活。

10岁时,林奇在布雷-伯雷高尔夫球俱乐部担任球童,这段经历成为他人生的转折点。这份工作不仅帮助他缓解了家庭的经济压力,还让他接触到许多公司高管和投资专家。在球场上,客人们谈论股票和投资的话题,无意中为林奇打开了一扇通往投资世界的大门。尽管当时的股市曾经历过大萧条时期的暴跌,许多人对股票投资心生畏惧,但林奇却在这些交流中逐渐改变了对股票的看法,并开始积累宝贵的投资经验。

20世纪50—60年代,美国股市虽有起伏,但民众普遍持谨慎态度。然而,高尔夫球场却成为林奇的投资启蒙课堂。球场上的常客多为证券投资者,他们的交流为他提供了丰富的投资知识。林奇关注常客们提到的上市公司,并观察它们的股价变化,这进一步激发了他对股市的兴趣。尽管当时他囊中羞涩,但他暗下决心,将来要像这些商业大亨一样通过股票投资赚大钱。14岁时,林奇已经在心中种下了成为股市投资者的梦想,并依靠球童工作的收入完成了中学学业。这段经历对他日后成为"股圣"产生了深远的影响。

在布雷-伯雷高尔夫球俱乐部，林奇遇到了他一生中的贵人——富达公司的总裁乔治·沙利文。具有英国绅士风的沙利文不仅欣赏林奇的聪明与礼貌，也被他能坦然面对困境的勇气而打动，更被他对投资的浓厚兴趣所吸引。两人之间建立起深厚的情谊，沙利文成为林奇投资路上的引路人，亦父亦师，经常与他分享投资心得，为他提供了诸多学习与实践的机会。

1963年，林奇入读波士顿学院。林奇生活不宽裕，学费和生活费靠球童收入和奖学金支撑，他坚持兼职球童以增加收入。为积攒投资资本，大学期间他一直驾驶着廉价的二手汽车。大二时，19岁的林奇用积攒的1250美元购买了飞虎航空股票，彼时的国际局势为美国股市注入强心剂，这只航空股又恰为美军运输军需品，股票由7美元/股一路上涨，林奇从20美元/股开始卖出，一直卖到80美元/股，就这样他从其人生中第一只10倍股中，获得了巨大利益。这笔资金不仅支持他读完大学，且攻读MBA的费用也足够了。

大学期间的林奇成绩一直名列前茅，加上他出色的外表，必然受到女生欢迎。但林奇并没有在大学恋爱的打算，因为他认为恋爱是一件既浪费时间又浪费钱财的事。林奇进入校园就一心扑在了股票研究上面。他不仅选择可用于股票研究的课程，还阅读财经版报纸、看上市公司的财务报表，然后通过分析，寻找其中暗含的商机。

同时，大学时的他还选修了看似与金融无直接关联的社会科学课程，实则拓宽了视野，为日后的投资决策提供了多元视角。林奇认为单纯依赖数字分析无法成就金融投资专家。若数字能决定投资成败，计算机将取代人工。他还认为，股市分析需超越数字，需深化知识，提升全面素质。直觉、灵感虽重要，但需以科学调研为基础验证其可靠性。因此，成功的投资者需兼具科学家与艺术家的特质。

林奇曾回忆说："当我想起这些往事的时候，我就发现，学习历史和哲学比学习统计学对投资的帮助大许多。所以说，股票投资是一门艺术，而不是一门科学。因此，受过专业化教育的人在投资中往往会比没有受过那些专业化教育的人更加不利。如果投资股票可以预测，那么我们只把时间花费在计算机上就可以了。但是事实证明，这种方法并没有任何作用。我们在股票投资中所需要的数学知识在小学四年级时就已经学到了。相反，历史和哲学却不是每个人都能具备的知识。"

第二节 "股圣"13年从2000万美元增长至140亿美元

沙利文对林奇寄予厚望，最终邀请他加入富达公司实习。林奇回忆，当时有75个应聘者竞争3个机会，但他给富达公司的总裁沙利文做了8年的球童，因此，他认为他这辈子经历的唯一一次面试好像有点儿作弊。

1966年5—9月，林奇以调研员的身份在富达公司实习，专注于研究报纸与出版业的市场动态。那年，市场以1000点收盘，然而到了16年后的1982年，市场却回落到777点。显然，自1966年起，市场历经了长达16年的震荡与调整，如图7.1所示。

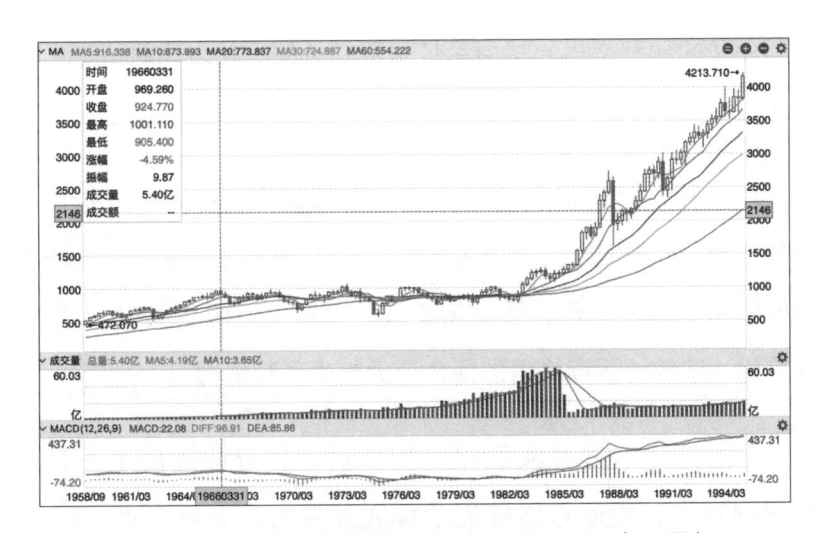

图 7.1　道琼斯工业指数（1958年9月—1994年3月）

在这份实习工作中，林奇直面真实的市场波动，这不仅帮助他揭开了股票分析行业的神秘面纱，还让他对那些纸上谈兵的理论产生了深刻的质疑。他发现，在真实的市场环境中，教授在课堂上传授的理论知识往往难以适用，这种认知上的冲突促使他更加重视实地调研的重要性。回顾这一过程不难发现，那些真正的投资大师无一不是对实事求是的调研极其看重。

1966年，年仅22岁的林奇进入宾夕法尼亚大学沃顿商学院，开始了他的研究生生涯。

1967年，林奇在完成了研究生二年级的学业后，赴韩国服兵役，成为炮兵部队的一名少尉。

1968年5月11日，身处军旅的林奇，与他的研究生同学卡罗琳步入了婚姻的殿堂，两人携手共度风雨，成了一生的伴侣。如师如父的沙利文尽心尽力帮忙张罗林奇的婚礼，比对待自己儿子还用心。

1969年，林奇退役，25岁的他顺利加入富达公司，担任证券分析师，年薪达到1.6万美元。他作为研究员，专注于纺织和金属领域的研究工作。晋升为正式员工后，他的年薪提升至1.7万美元。这样的薪资待遇即便在今天也颇具吸引力。

正是基于这样扎实而深入的调研，林奇锤炼出了一种超凡的洞察力，使他总能够先于他人发掘出具有巨大潜力的10倍股。

1974年6月，林奇实现了职业生涯的跃升，从富达公司研究部助理晋升为研究部经理，成为华尔街最年轻的基金主管。时光荏苒，到了1977年5月，33岁的林奇迎来了新的里程碑，他正式被任命为富达公司旗下麦哲伦基金的经理。富达公司有成百上千个这样的基金主管，想要脱颖而出，就必须付出更多的努力。

为了深入钻研工作，林奇每日投入长达12小时的时间沉浸在浩如烟海的资料中，极度专注，累积的阅读量惊人，堆积起来的资料厚度竟达数英尺。他每年的旅程长达16万公里，遍访全球各地的投资公司，进行实地考察。

据他描述，自己的日常工作从早上 6 点 05 分开始，当外面还是漆黑一片时，他便已离家前往办公室。6 点 45 分，他已坐在办公桌前，开始了一天的工作。即便是星期六，他也依然坚守在办公室，完成手头的工作。

为了保持与行业的同步与进步，林奇经常连续数小时通过电话与业界同仁（处于投资领域顶尖人物）交流心得，全方位掌握企业和投资领域的最新动态，这是林奇"金点子"的最好来源。这样的工作习惯几乎贯穿了他的整个投资生涯，即便是度假期间，林奇也始终心系工作。在选择度假胜地时，林奇总会精心考虑时区和通信的便捷性，以确保他能随时与公司保持紧密的联系。

林奇对新罕布什尔州的滑雪场情有独钟，每当滑雪的愉悦时光告一段落，他便会利用缆车站的电话与交易员进行深入交流，细致地指导股票交易。当通话圆满结束时，缆车总是如期而至，这时他会安然地坐在缆车上，开始精心谋划下一个投资项目。

林奇这种对工作深入骨髓的热爱与全身心的投入，无疑是他事业成功的关键所在更是印证了"天才是 1% 的灵感加 99% 的汗水"。

麦哲伦基金，这个始创于 20 世纪 60 年代初期的资本增值基金，虽然规模不大，却以积极进取的投资策略著称。该基金的名字"麦哲伦"寓意着其国际化的投资视野。然而，在1963年该基金成立之初，政府便对海外投资施加了限制和重税，这使得海外投资的成本大幅攀升，兴趣寥寥。因此，尽管麦哲伦基金是国际基金，但实际上主要投资于国内市场，海外投资占比极低。

但由于前任基金经理内德的管理不善，麦哲伦基金的资产规模大幅缩水，仅剩600万美元。为了挽救这一颓势，富达公司决定将另一只同样陷入困境、资产仅剩1200万美元的埃塞克斯（Essex）基金与麦哲伦基金进行合并。

在过去的5年里，这两只基金累计亏损超过5000万美元。按照0.6%的管理费标准，如果不进行合并，基金经理的薪水将无法得到保障。合并后的基金仍沿用麦哲伦基金的名称。当林奇在1977年接手时，这只基金的资产规模已经恢复至2000万美元。

1977年，林奇以26美元/股购入华纳公司股票。尽管专家称该股票已"极度超值"，他仍持怀疑态度。半年后，股价涨至32美元/股，他虽感忧虑，但见公司运营良好，决定继续持有。股价涨至38美元/股时，他受专家影响认为已达顶峰，于是全数抛售。然而，华纳股价最终飙升至180美元/股以上，即使在股市暴跌时也表现不俗。

林奇因此深感懊悔，决定不再轻信专家，而是坚持自己的判断。他赞同巴菲特的观点，即"股市只是让某些人出丑的地方"，并开始怀疑专家、理论和数学分析。经历涨跌和失败后，林奇的选股能力越发精湛，他认为选准股票和时机才是关键，而非投机性地追求买卖时机。他强调，在正确的时机选择好股票后，即使市场不佳也需耐心等待，待市场反弹时获取高回报，这才是投资者的正确做法。

尽管股市在1977—1982年期间整体表现平淡，且1976—1978年第二次石油危机冲击市场，但林奇上任后即大举加仓股市，迎来业绩开门红。回顾林奇优异的投资生涯业绩曲线，一是因为他几乎躲过了20世纪70年代三次大跌（1969年、1973—1974年、1977—1978年）；二是其对于宏观大势有着极强的把控力，在1977年和1981年底部均大幅加仓。

1977年，市场估值普遍较低，超过76%的公司估值在10倍以下，林奇在回忆录中写道："毫不奇怪，股市大跌让麦哲伦基金有了一个好的开始。1978年，我所持有的前十大重仓股PE在4~6倍，1979年更是只有3~5倍。当一个好公司股票的PE只有3~6倍时，投资者几乎不可能会亏损。"

1981年的抄底则展示了林奇优秀的宏观大势把控能力。1981年，当时的美联储主席保罗·沃尔克为了抑制通胀，将基准利率提升到20%以上，标普500指数大跌17%，市场估值跌到5倍上下。林奇则保持了镇定和冷静，他在回忆录中写道："专注大局，设想最坏的事情不会发生，那会怎么样呢？我断定利率迟早会降低，而一旦利率降低，持有股票和长期国债都将会大赚一把。"

因此，1980年，林奇开始抄底银行股，基金资产的9%用于投资12家银行；1981年，林奇重仓克莱斯勒公司和汽车股行业，将基金10%的资金用于重仓汽车股；1982年，美国联邦基准利率由3月的16.8%降至11月的8.36%，下降近一半。同时，林奇在1980—1981年投资持仓成本很低，安全边际较大，最终获益巨大，两年收益分别为70%和16%。

1977—1981年，林奇管理的麦哲伦基金总回报率高达352.4%，年化回报率为35.2%，而同期标普500指数总回报率仅为44.2%，年化回报率为7.6%，表现令人震撼。

在回顾20世纪70年代的股市牛熊周期时不难发现，巴菲特在熊市中稳健前行，而林奇则在牛市中大放异彩。

巴菲特在熊市中的表现堪称完美。1973年，第一次石油危机席卷全球，标普500指数下跌了13%，但巴菲特却逆势取得了5%的正收益。到了1974年，标普500指数继续暴跌20%，巴菲特却再次实现了6%的正收益，超出大盘表现26个百分点。

1977年第二次石油危机中，尽管标普500指数下跌了8%，巴菲特却斩获了高达32%的傲人回报。而在1981年，当保罗·沃尔克采用"休克疗法"对抗通胀，急剧提升利率近10%，导致标普500指数下跌7%时，巴菲特再次以31.8%的收益率远超大盘，领先38.8个百分点。在历次熊市的考验中，当其他知名投资者的业绩普遍受创时，巴菲特却展现出了非凡的"抗压能力"。

与巴菲特不同，林奇在牛市中更显英雄本色。1978年石油危机过后，股市逐渐回暖，标普500指数实现了16%的正收益，而林奇的收益率则高达32%，是大盘的两倍。到了1979年，标普500指数继续上涨16%，而林奇的收益率更是飙升到了52%，相当于标普500指数表现的3.25倍。而在1980年大盘再次猛涨25%的背景下，林奇的收益率更是达到了惊人的70%。值得一提的是，即使在标普500指数下跌的年份里，林奇也能保持稳健的正收益，这充分证明了他不仅能够在牛市中大放异彩，更能在复杂多变的市场环境中游刃有余，对牛市的把控能力尤为出色。

林奇的投资组合极为多样化，涵盖了各种类型的股票。他持有的40只股票中，既包括有工会的公司、钢铁巨头，又有纺织行业的领军企业。这种广泛的投资策略，使他的基金能够在不同的市场环境下都保持稳健的表现。

他深入研究每一只投资的股票，不放过任何一个潜在的投资机会。例如，他曾投资了一家名为塔可钟的小型餐饮公司，这在当时是极具前瞻性的决策，因为当时的市场并未充分关注到这类企业。林奇坚信，通过广泛考察和筛选，能够发现更多有价值的投资机会。比如，每考察10家公司，就有可能发现一家具有潜力的股票；考察20家，可能会发现两家；而如果考察100家，则可能挖掘出10家值得投资的企业。

这种以量取胜的投资策略，使林奇在投资领域取得了巨大的成功。他深知，只有不断寻找和发掘新的投资机会，才能在激烈的市场竞争中脱颖而出。这正是他坚守的投资之道，也是他在投资领域取得辉煌成就的关键所在。

那么，林奇的人生有过至暗时刻吗？答案是：有。1987年10月16—20日，华尔街股市经历了一场前所未有的大崩盘，这场风暴深深地震撼了林奇，甚至连他的心绪也受到波及。

1987年10月15日，林奇启程赴爱尔兰，道琼斯工业指数下滑48点；1987年10月16日，他抵达爱尔兰科克郡，参观一家上市公司总部，游览布拉尼城堡，道琼斯工业指数重挫108点；1987年10月17日，他在沃特维尔享受高尔夫；1987年10月18日，他在杜克挥杆高尔夫；1987年10月19日，他在基拉尼高尔夫球场打球，下午驱车至Dingle半岛度假，晚间于Doyle's餐厅享用海鲜，麦哲伦基金在股市暴跌中损失惨重，股东资产缩水18%，高达20亿美元；1987年10月20日，他心情沉重，提前飞回美国。

在这段时间里，林奇无暇欣赏周围的美景，即使在参观布拉尼城堡的亲吻巧言石时，也显得心不在焉。他在高尔夫球场上的表现也失去了往日的水准，周日的午后也未能得到应有的休息。

林奇甚至曾疑虑，是否世界末日已然降临。历经一年多，他才逐渐能够平心静气地回顾与剖析那次大崩盘。他仔细分析在那场股市风暴中哪些部分只是扰乱了他内心的情感波澜，而哪些部分又是值得他深刻铭记的宝贵教训。

即便面临困境,也不应让焦虑影响到原本精心构建的投资组合;股市的短期剧烈波动并不罕见,但关键在于投资者如何学会在风雨中保持冷静,且不影响到个人的生活。这是一个值得每个人深入思考的重大问题。

经过 13 年的不懈努力与专注工作,林奇以卓越的投资智慧,静悄悄地创造了一个投资界的传奇。在他的领导下,麦哲伦基金所管理的资产从初始的 2000 万美元增长至惊人的 140 亿美元,13 年间实现了年平均复利报酬率高达 29.2% 的辉煌业绩。

1991 年,林奇在最巅峰的时刻毅然选择退休,离开共同基金的圈子,留下了三部名作——《彼得·林奇的成功投资》《战胜华尔街》《彼得·林奇教学理财》。当时,他还是市场中最抢手的人物,而他的才能也是最受倚重的。林奇非常理智地发表了自己的离职演说:"这是我希望能够避免的结局,尽管我乐于从事这份工作,但是我同时也失去了待在家里看着孩子们成长的机会。孩子们长得真快,一周一个样。几乎每个周末都需要他们向我作自我介绍,我才能认出他们来。我为孩子们做了成长记录簿,结果积攒了一大堆有纪念意义的记录,却没时间剪贴。"

林奇就是这样一位在该工作的时候拼命干,在该享受生活的时候就好好生活的人。这位昔日的"股圣"褪去光环后,如同万千平凡父亲中的一员,在家中悉心教导年幼的女儿。与此同时，他依然充满活力，热心投身于波士顿天主教学校体系之中，不辞辛劳地四处奔走筹集资金，旨在让贫寒家庭的孩子也能踏入私立教育的殿堂，享受知识的滋养。身为亿万富翁，他不仅成就了自己的财富传奇，更愿意助力他人攀登财富之巅，但他对金钱的态度却超然物外，不是金钱的奴役者，而是智慧驾驭财富的主人。

第三节 "故事"猎手

林奇被誉为"故事"猎手式的投资者。换言之，他在筛选每只股票时，都会深度挖掘公司的增长潜能和未来发展前景。他这种预期建立在公司的"故事"基础之上——不仅关注公司当前的动态，还着眼于其未来可能达成的成就。对于投资者而言，对公司业务及其所在市场竞争态势的深入了解，是发掘潜力巨大、前景可观的"故事"的关键。

林奇的投资理念并不局限于某一类型的股票。相反，他的"故事"投资策略鼓励投资者寻找具有多种积极预期因素的公司进行投资。在他的投资哲学中，企业有助于塑造自身的"故事"线索，从而构建出合理的市场预期。他根据"故事"性质、企业规模和成长潜力对企业进行分类，并归纳出6种不同的"故事"框架。

一、温和增长型企业

这类企业往往规模较大、历史较长，其增长速度略高于整体经济水平，且常提供稳定的股息回报。但这类股票并非林奇的首选。

二、稳健成长型企业

这类大公司仍保持着一定的增长势头，年收益增长率维持在10%~12%，如知名的可口可乐公司、宝洁公司等。林奇认为，在价格合理时买入，虽然预期回报稳健但不一定非常可观，通常两年内不会超过50%，甚至可能更低。他建议在这类股票获得适度收益后进行轮换，通过不断寻找并投资新的、尚未被市场充分发现的公司来重复这一过程。这类企业在经济不景气时也能提供一定的资产保值功能。

三、迅猛增长的小型企业

这类新兴企业规模小但极具进取心，年收入增长率高达20%~25%。它们不一定是处于快速增长的行业。事实上，林奇更偏爱那些非热门行业的潜力股。他认为，投资者最大的收益机会来源于这类股票，尽管它们同时伴随着较高的风险。

四、周期性企业

这类企业的销售和盈利随着经济周期的变化而波动，如汽车业、航空业和钢铁行业等。林奇提醒，新手投资者可能会误将这些企业视为稳定的投资对象，但在经济困难时期，周期性股票的股价可能会遭受重创。因此，投资时机的把握至关重要，投资者需要学会及时察觉业务下滑的征兆。

五、困境反转企业

这类企业曾遭受重大打击或处于萧条状态,被林奇称为"无增长企业",如克莱斯勒、宾夕法尼亚中央铁路和通用公用事业等。一旦这类企业成功扭转局面,其股价可能会迅速回升。林奇指出,在这类股票中,股价回升与整体市场走势的关联性最小。

六、隐藏资产企业

这类企业拥有被华尔街分析师和其他投资者忽视的资产。林奇提到,在金属、石油、新闻媒体和专利药物等领域,经常可以发现这类隐藏资产。然而,要发掘这些资产,需要对相关企业有深入的了解。在这一投资领域中,"本土"优势及个人的知识和经验将发挥最大作用。

第四节 林奇投资的7个步骤

林奇在投资上思路广阔,他选股时不受行业界限的束缚,也无视市场周期的波动。只要股票经过深入调研后确实展现出投资价值,他就会毫不犹豫地出手投资。

他有自己严谨而系统的股票投资策略,主要包含7个关键步骤:① 精准分类,锁定潜力企业;② 深入调研,挖掘第一手资料;③ 以市盈率为核心,评估企业内在价值;④ 紧扣收益,洞悉市场价格波动;⑤ 耐心等待,捕捉最佳买入时机;⑥ 集中与分散并重,构建优化投资组合;⑦ 灵活应变,确定合理持有期限。这套策略体现了林奇对投资的深刻理解和精湛技艺。

一、精准分类，锁定潜力企业

彼得·林奇曾说："就像一步步弄清一个故事一样，全面深入地研究一家公司真的一点儿都不难，但前提是将目标公司进行合理的分类。"

如同拆解一部复杂小说，深入剖析一家企业并非难事，关键在于如何对其进行科学分类。林奇深谙此道，他根据企业销售或产量的增长率，巧妙地将股市中的公司划分为六大类：缓慢增长型、稳定增长型、快速增长型、周期型、资产富裕型及困境反转型。每种类型的企业，都承载着不同的增长故事和投资机会。

在林奇看来，所有企业的"增长"都直观体现为产出逐年攀升。衡量这一指标的方法多样，包括但不限于销售量、销售收入及利润的增长。缓慢增长型企业步伐稳健，与国家经济增长同步；而快速增长型企业则如脱缰野马，年增长率可达20%~30%，甚至更高，正是这类企业孕育了股市中最耀眼的明星股。

值得注意的是，企业的增长率并非一成不变，它们会随市场环境和自身发展阶段而波动，从一种类型悄然转变为另一种类型。因此，林奇强调，首要任务是准确识别企业所属类型，进而设定合理的投资预期，并量身定制投资策略。林奇坚信："将股票分类是进行股票投资分析的第一步。""我们首先分析确定公司股票的类型，对不同的类型采取不同的投资策略。"

林奇的忠告是："绝对不可能找到一个各种类型的股票普遍适

用的公式。""不管股市某一天下跌 50 点还是 108 点，最终优秀公司的股票将上涨，而一般公司的股票将下跌，投资于这两种不同类型公司的投资者也将得到各自不同的投资回报。"

关于选股，林奇一再告诫投资者，要独立思考，选择那些不被其他人关注的股票，做真正的逆向投资者。林奇曾说："真正的逆向投资者并不是那种在大家都买热门股时偏买冷门股票的投资者（如当别人都在买股票时，他却在卖股票）。真正的逆向投资者会等待事态冷却下来以后再去买那些不被人所关注的股票，特别是那些让华尔街厌烦的股票。"

林奇认为自己成功的主要原因在于与众不同的选股策略："在我掌管富达公司麦哲伦基金的这 13 年间，尽管有过无数次的失误，但每只个股还是平均上涨了 20 多倍。其原因在于我仔细研究之后，发现了一些不出名和不受大家喜爱的股票。我坚信任何一位投资者都可以从这样一种股票分析的策略中受益。"

二、深入调研，挖掘第一手资料

彼得·林奇曾说："不进行研究的投资，就像打扑克从不看牌一样，必然失败！"

在林奇的投资哲学中，未经调研的投资无异于盲目赌博。他坚信，唯有通过细致入微的调研，方能获取宝贵信息，做出明智决策。信息的搜集与筛选，是投资成功的基石，它不仅涵盖宏观层面的社会、经济及金融动态，更深入到微观层面的企业经营状况、股市交易价格及证券管理细节。

林奇以其勤奋著称，他每年走访数百家上市公司，阅读数百份年度报告，将"天才是1%的灵感加99%的汗水"演绎得淋漓尽致。他强调，重视信息并非盲目追逐小道消息，而是要通过正规渠道，如与经纪人、公司管理层及同行交流，获取准确可靠的第一手资料。同时，他还擅长从竞争对手的评价中捕捉隐藏的投资机会，展现了其独到的洞察力和敏锐的直觉。

三、以市盈率为核心，评估企业内在价值

彼得·林奇曾说："如果对于市盈率你可以什么都记不住，但你一定要记住，千万不要买入市盈率特别高的股票。"

市盈率作为衡量股票价值的关键指标，在林奇的投资体系中占据核心地位。他提醒投资者，尽管市盈率并非万能，但在正确运用下，它能为分析股票提供有力支持。林奇建议，在比较不同行业、不同公司的市盈率时，应充分考虑其特殊性，避免简单类比。他强调，低市盈率并非投资的充分条件，但高市盈率股票则需格外警惕。

此外，林奇还会结合每股账面资产、库存现金等因素，对企业价值进行全面评估。他深知，账面价值并非企业真实价值的全部，而库存现金的多少，更是直接影响着股价的合理定位。

四、紧扣收益，洞悉市场价格波动

林奇坚信，公司股价的终极走势，终将回归其内在价值，而收益则是连接两者的桥梁。他观察到，尽管短期内股价可能受多种因素影响而波动，但长期来看，收益始终是决定股价走势的根本力量。因此，他建议投资者密切关注公司收益变化，以此作为判断股价走势的重要依据。

五、耐心等待，捕捉最佳买入时机

林奇深知，最佳买入时机往往出现在市场情绪最为低迷之时。他提醒投资者，年底和市场崩盘时期，往往是捡拾廉价筹码的黄金时机。在这些时刻，投资者应保持冷静，勇于逆市操作，以获取未来丰厚的回报。

林奇认为："事实上，买入股票的最佳时机总是当你自己确信发现了价位合适的股票的时候，正如在商场中发现了一件价位适宜的商品一样。"

六、集中与分散并重，构建优化投资组合

彼得·林奇曾说："寻找一种固定的组合模式不是投资的关键，投资的关键在于根据实际情况来分析某只股票的优势在哪里。"

林奇主张，投资应集中于自己了解且前景看好的优秀企业，同时适度分散以规避不可预见的风险。他认为，一个包含3~10只股票的小型资产组合，既能有效控制风险，又能实现收益最大化。在构建投资组合时，他会综合考虑不同类型股票的风险与收益特征，力求达到最佳平衡。

七、灵活应变，确定合理持有期限

林奇对股票持有时间持灵活态度，他既坚持长期投资理念，

又保持高换手率以捕捉市场机会。他反对短线交易，认为频繁买卖无异于赌博，难以持续盈利。相反，他倡导投资者耐心持有潜力股，等待其价值充分释放。他深信："股票投资和减肥一样，决定最终结果的是耐心，而不是头脑。"

第五节　彼得·林奇的经典语录与相关著作

一、彼得·林奇的经典语录

1. 不进行研究的投资，就像打扑克从不看牌一样，必然失败。

2. 最终决定投资者命运的既不是股票市场也不是那些上市公司，而是投资者自己决定了自己的命运。

3. 炒股要有自信，没有自信就会失败。

4. 行情总在绝望中诞生，在半信半疑中成长，在憧憬中成熟，在希望中毁灭。

5. 股市赢家法则是：不买落后股，不买平庸股，全心全意锁定领导股。

6. 让趋势成为你的朋友。

7. 每个人都有足够的智力在股市赚钱，但不是每个人都有必要的耐力。如果你每遇到恐慌就想抛掉存货，那么你就应避开股市或股票基金。

8. 成功的投资在本质上是内在的独立自主的结果。

9. 购买股票的最佳时段是在股市崩溃或股价出现暴跌时。

10. 巨幅震荡的波动特性是所有股票市场的特征，即使是最成熟的市场也不例外。

11. 只是根据股价上涨，并不能说明你是对的；只是根据股价下跌，并不能说明你是错的。

12. 投资者投资成功的关键在于投资者的耐心、独立的精神、基本的常识、对痛苦的忍耐力、率真、超然、毅力、灵活的头脑、主动承认错误的精神，以及不受他人恐慌影响坚持到投资成功的能力，能够抵抗人类的弱点是很重要的。

13. 无论你使用什么方法选股或挑选股票投资基金，最终的成功与否取决于一种能力，即不理睬环境的压力而坚持到投资成功的能力；决定选股人命运的不是头脑而是耐力。敏感的投资者，不管他多么的聪明，往往经受不住命运不经意的打击，而被赶出市场。

14. 股市的下跌如科罗拉多州1月份的暴风雪一样是正常现象，如果你有所准备，它就不会伤害你。每次下跌都是大好机会，你可以挑选被风暴吓走的投资者放弃的廉价股票。

15. 当你用价值投资的方法，找不到一个值得投资的上市公司的股票时，就不要再费脑子了，赶紧远离股市。

16. 持有股票就像养育小孩一样，除了你能做的和应该做的，你不要介入过多。

17. 永远不要投资于你不了解其财务状况的公司。买股票最大的损失来自那些财务状况不佳的公司。仔细研究公司的财务报表，确认公司不会破产。

18. 避开热门行业的热门股票。最好的公司也会有不景气的时候，增长停滞的行业里有大赢家。

19. 对于小公司，最好等到它们有利润之后再投资。

20. 如果你想投资麻烦丛生的行业，就买有生存能力的公司，并且要等到这个行业出现复苏的信号时再买进。

21. 如果你用 1000 美元买股票，最大的损失就是 1000 美元。但是如果你有足够的耐心，你可以获得 1000 美元甚至 5000 美元的收益。个人投资者可以集中投资几家绩优企业，而基金经理却必须分散投资。持股太多会失去集中的优势，持有几个大赢家终身受益。

22. 在每个行业和每个地区，注意观察的业余投资者都能在职业炒家之前发现有巨大增长潜力的企业。

23. 一些人把自己想象成逆向投资者，认为当其他的投资者都向左转时，他们采取相反的做法向右转就能大赚一笔，但其实他们总是等逆向投资已经非常流行以至于逆向投资成了一个被大家普遍接受的观点时，才会变成逆向投资者。

24. 从长期来看，一个精心选择的股票组合表现总是优于债券组合或货币市场账户。但投资一个糟糕的股票投资组合，还不如把钱放到床垫下面。

25. 专家们不能预测到任何东西。虽然利率和股市之间确实存在着微妙的相互联系，我却不信谁能用金融规律来提前说明利率的变化方向。

26. 没有人能预测利率、经济或股市未来的走向，抛开这样的预测，注意观察你已投资的公司究竟在发生什么事。

27. 资本利得税惩罚的是那些频繁换基金的人。当你投资的一只或几只基金表现良好时，不要随意抛弃它们，要抓住它们不放。

28. 投资股市绝不是为了赚一次钱，而是要持续赚钱。如果想靠一"博"而发财，你大可离开股市，去赌场好了。

29. 一个钟情于计算，沉迷于资产负债表而不能自拔的投资者，多半不能成功。

30. 人们宁愿承认自己是一个瘾君子，也不愿承认自己是一个短期投资者。

31. 我投资组合最好的公司往往是购股三五年才利润大增而不是在三五个星期之后。

32. 要投资于企业，而不要投机于股市。

33. 一般消息来源者所讲的与他实际知道的有很大的差异，因此，在对投资方向做出选择之前，一定要深入了解并考察公司，做到有的放矢。

34. 为了赚钱，我们可以这样假设，他敢买进必定是对他所看到的事物有信心。而一个面临内部人员大量收购压力的公司很少会倒闭。

35. 在股市赔钱的原因之一，就是一开始就研究经济情况，这些观点直接把投资人引入死角。

36. 试图跟随市场节奏，你会发现自己总是在市场即将反转时退出市场，而在市场升到顶部时介入市场。人们会认为碰到这样的事是因为自己不走运，实际上，这只是因为他们想入非非。没有人能够比市场精明，人们还认为，在股市大跌或回调时投资股票是很危险的。其实此时只有卖股才是危险的，他们忘记了另一种危险，踏空的危险，即在股市飞涨的时候手中没有股票。

37. 我不能说我有先见之明，知道股灾将要降临。市场过分高估，早已有潜在千点暴跌的祸根，事后来看，这是多么明显。但我当时没有发现，我当时全部满仓，手边几乎没有现金；对市场周期的这种认识相当于对股东的背叛。

38. 你不会被不属于你的东西的价格上涨所伤害，而你真正拥有的东西才会毁灭你。

39. 如果尝试避开下跌，那么很可能会错失下次上涨的机会。这就是试图预测价格的最大风险。以美国股市为例，如果在过去25年的时间中一直坚守岗位，那么投资的年平均报酬率超过11%；如果喜欢进进出出，又不幸刚好错过这当中表现最好的40个月，那么年平均报酬率就会跌至1%。股市反弹往往在最出乎人意料的时候，只有长期投资才能避免风险。

40. 难怪人们在房地产市场上赚钱而在股票市场上赔钱。他们选择房子时往往要用几个月的时间，而选择股票只用几分钟。事实上，他们在买微波炉时花的时间也比选择股票时多。

41. 在过去70多年历史上发生的40次股市暴跌中，即使其中39次我提前预测到，而且在暴跌前卖掉了所有的股票，我最后也会后悔万分。因为即使是跌幅最大的那次股灾，股价最终也涨回来了，而且涨得更高。

42. 观察你的朋友，你可以知道他买什么牌子的计算机、喝什么牌子的饮料、喜欢穿什么样的拖鞋，以及看什么类型的电影，这些都是有益的线索，可以引导你发现合适的股票。

43. 如果人们长期在股市赔钱，那么其实该怪的不是股票，而是自己。一般而言，股票的价格长期是看涨的，但是100个人中有99个人却老是成为慢性输家。这是因为他们的投资没

第七章 金融界"股圣"

有计划，他们买在高位，然后失去耐心或者心生恐惧，急着把赔钱的股票杀出。他们的投资哲学是"买高卖低"。

44. 要抄底买入一只下跌的股票，就如同想抓住一把迅速下落的飞刀。

二、彼得·林奇的相关著作

1.《彼得·林奇的成功投资》(*One Up on Wall Street: How to Use What You Already Know to Make Money in the Market*)

- 作者：[美]彼得·林奇 (Peter Lynch)
- 出版时间：2007年

2.《战胜华尔街》(*Beating the Street*)

- 作者：[美]彼得·林奇 (Peter Lynch)
- 出版时间：1996年

3.《彼得·林奇教你理财》(*Learn to Earn : A Beginner's Guide to the Basics of Investing and Business*)

- 作者：[美]彼得·林奇 (Peter Lynch)
- 出版时间：2010年

第八章

英国"投资一哥"

——安东尼·波顿
(Anthony Bolton,1950 年—)

― 人物卡片 ―

姓　　　名：安东尼·波顿（Anthony Bolton）
出 生 日 期：1950 年 3 月 7 日　　　　国　　　籍：美国
星　　　座：双鱼座　　　　　　　　　生　　　肖：虎
学　　　历：剑桥大学材料工程与企业研究荣誉硕士
职　　　业：投资家、富达国际有限（Fidelity International Limited）
　　　　　　公司的董事总经理与高级投资经理
成就与贡献：被誉为"欧洲的彼得·林奇"，1979 年，29 岁的他加入富达，成为富达在伦敦的开拓者。其所执掌的富达特殊情况基金（Fidelity Special Situations fund）在过去近 30 年里，经历过 1987 年股灾、互联网泡沫、"9·11"恐怖袭击，仍然达到惊人的 20.3% 的年度回报率，总投资回报超过 140 倍的骄人业绩，这一成绩远超同期英国基准股指 7.7% 的增幅。他也因此成为欧洲顶流基金经理。无论是在信托基金上，还是在开放式投资公司的业绩榜单上，该成绩均名列前茅，无出其右。他不仅被誉为英国乃至欧洲 30 年来最为出色的基金经理，更在《泰晤士报》的历史十大投资大师评选中占据一席之地,仅次于投资巨匠格雷厄姆与巴菲特。

人物特点: 安东尼·波顿低调、专注、冷静、思维缜密、自律和努力,行事风格推崇事实、事实,还是事实。

第一节 成就 147 倍的富达特殊情况基金

安东尼·波顿出生于传统的英国中产阶级家庭,父亲是一名律师,1971 年,他从剑桥大学工程学院毕业,学的是材料工程学。而后,经过家族中一位朋友的引荐,波顿进入了金融行业。

波顿的职业生涯起步于 1971 年,他加入了一家名为凯塞·厄尔曼(Keyser Ullmann)的小型商业银行。然而,20 世纪 70 年代中期,英国开始加强金融监管,以应对金融市场的不稳定性和风险。这家银行在这次的金融整改风潮中未能幸免,最终倒闭。尽管如此,波顿在凯塞·厄尔曼银行的从业经历中,却树立了他日后独树一帜的投资理念。

那时,他负责管理史罗格莫顿信托基金(Throg morton Trust),专注于投资小型企业,这一经历使他对小型公司投资产生了浓厚的兴趣,并培养了他自主进行深入研究的能力。同时,凯塞·厄尔曼银行的分析团队包括多位基础分析师和一位技术分析师,对波顿影响深远,使波顿日后对股市的趋势图表情有独钟,并视其为投资决策的重要参考。

在经历了6年的投资分析师生涯后，波顿于1976年加入了南非控股的资产管理公司施莱辛格（Schlesinger）的伦敦分部，起初担任投资研究助理。随着研究经验的积累，他晋升为基金经理并开始独立管理基金。

1979年，波顿迎来了他人生的重要转折点。这一年，他不仅见证了玛格丽特·撒切尔成功当选英国首相的历史时刻，更是他个人生涯中的一个里程碑。在这短暂的时间里，他迈入了婚姻的殿堂，并迎来了职业生涯的新篇章——换了一份工作。这两件大事，在波顿的人生中留下了深刻的烙印。

1979年，美国最大独立投资基金——富达国际基金（后改为麦哲伦基金）在英国成立首家基金，波顿虽然是一个心怀壮志的有为青年，曾梦想在而立之年便跻身管理层，但他性格内敛，这让他在面对机会时总是犹豫不决。他曾一度迟疑，自己是否该主动联系那位从施莱辛格跳槽至富达国际（富达公司的一部分，但又具有相对独立性）的前理事。在妻子莎拉的支持与鼓励下，波顿终于鼓起勇气，拨打了那通对他职业生涯产生深远影响的电话。

莎拉口中的富达国际基金是一家充满无限可能与潜力的公司，这也点燃了波顿心中的希望之火。凭借出色的面试表现，波顿在1979年12月顺利成为富达国际基金的一员。那时的富达国际已在英国市场崭露头角，推出了4只信托基金，波顿后来管理的那只声名远扬的富达特殊情况基金也位列其中（至2005

年 12 月的 26 年中的年均复合收益率为 20.4%，26 年间 19 次跑赢市场）。

"特殊情况基金"这一后缀贯穿波顿的职业生涯，它不仅是一个标签，更隐含了他独特的投资哲学：在市场的特殊情境下，发掘那些具有非凡投资潜力的股票。波顿在发行富达特殊情况基金的投资计划书里，就说明了什么是"特殊情况"。他说："有些公司的净资产、分红或者未来的每股收益被低估了，但这些公司有一些隐藏的潜力，能让它们的股价在未来涨起来。"

波顿善于运用逆向思维，在被市场低估的中小企业里探寻隐藏的宝藏，静待这些企业经营状况的反转，从而捕捉投资机会。这也是贯穿他一生投资决策的核心思路。

相较于大型企业，尤其是那些声名显赫的企业，他更倾向于关注中小企业。此外，他还偏爱利用杠杆工具进行操作，以寻求投资的最大化效益。

刚加入富达国际时，波顿其实除了做其他工作，还帮忙管理像泰莱糖业和施乐公司这样的客户的养老基金。但他发现，相比养老基金，管理信托基金能让他更自由地做投资决策。

到了 20 世纪 80 年代中期，波顿开始管理富达欧洲信托基金的发行。他对欧洲市场特别感兴趣，因为这个市场和英国比起来还不够成熟，有很多可以发掘的投资机会，特别是那些被低估的股票。随着投资团队越来越壮大，波顿就可以不用亲自管理公司账户，只专注于他负责的基金了。

了解一家企业的赚钱方法和它有什么特别的优势对投资是非常关键的。因为不是所有企业都一样，就像过去的历史长河中，只有少数人有特殊的本事、特权或者定价的权力，他们能让竞争对手日子不好过。更重要的是，我们要想远一点儿，看看这个企业能不能经营10年以上还不衰败，它的资源和优势能不能持续10年都不减少。还有这个企业能够自己掌控自己的未来，而不是靠政策、大客户或者新发明等只支撑一时。

1987年，波顿踏上了芬兰的土地，深入探访一家业务繁多的大集团。在那里，他有缘结识了财务总监Ollila。在与Ollila的交流中，波顿敏锐地捕捉到集团子公司MOBIRA的异军突起，其规模正如日中天，然而却被繁重的集团业务所牵绊。

时光荏苒，到了1993年，已晋升为集团CEO的Ollila向波顿透露了一个重磅消息：集团正计划剥离所有盈利不佳的业务，全力以赴支持子公司MOBIRA的移动电话业务，决心将其推向美洲、亚洲乃至全球市场。

听闻此讯，波顿果断出手，开始大举建仓这家后来更名为诺基亚的公司。之后随着移动通信时代的风起云涌，诺基亚乘势而上，一跃成为市值千亿欧元的巨头（图8.1）。波顿因此赚得盆满钵满，利润实现百倍增长，这一神来之笔也为他赢得了"欧洲的彼得·林奇"的美名。

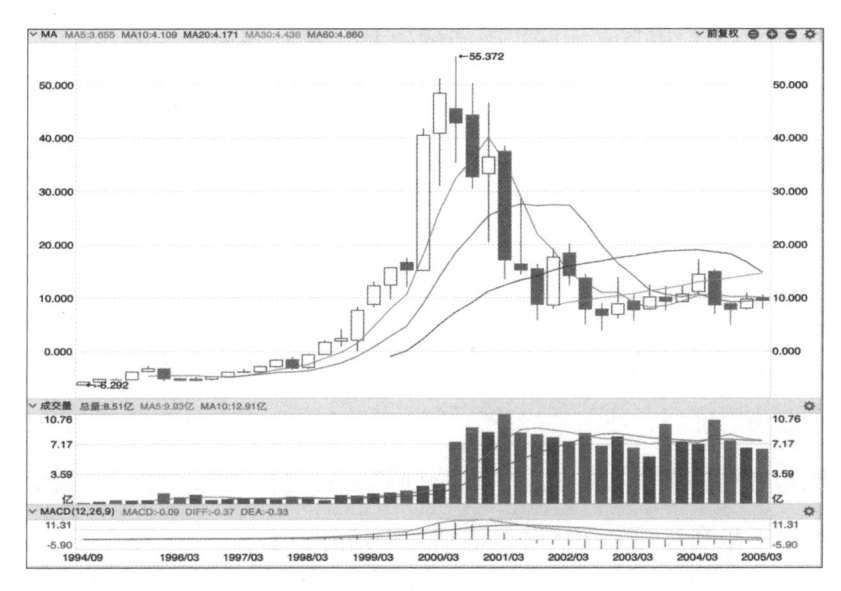

图 8.1　诺基亚股价波动图（1994 年 9 月—2005 年 3 月）

就这样，通过深入研究上市公司的公开资料，实地探访企业并与经营者进行深入的交流，再结合自己独到的投资理念，波顿在其职业生涯的前 31 年中取得了举世瞩目的巨大成功。

时光匆匆，20 世纪 90 年代初，波顿的公司再度掀起波澜，连续推出了两只崭新的投资信托基金。1991 年，富达欧洲价值上市公司基金闪亮登场，而在 1994 年，富达特殊价值基金也紧随其后。这一次，波顿为投资者献上了更丰富的选择盛宴，不再仅仅局限于他独到的选股慧眼。因为这些基金巧妙地运用融资策略，当投资信托基金的市场价格出现诱人的折扣时，它们便能摇身一变，成为开放式基金的绝佳替代品。

然而，波顿肩上的担子越发沉重。他麾下的基金数量增至 4

只，其中3只更是富达巨头中的佼佼者。当21世纪的曙光初现时，波顿的工作已如山一般压顶。为了更专注地驾驭特殊情况基金与特殊价值上市公司基金这两匹骏马，波顿面临抉择：是割舍英伦情怀，还是舍弃欧洲大陆的辽阔天地？最终，他毅然决然地选择了后者，坚持初心。

波顿的投资理念独树一帜，他始终坚持做一个逆向投资者。在股市上涨时，他保持冷静，不过度乐观；而当市场普遍悲观时，他却能洞察到潜在的机会，认为前景或将逐渐明朗。相反，当市场过于乐观、无人担忧时，他则变得格外谨慎。

2007年5月，波顿就曾发出市场可能转向悲观的预警，面对如今依然令人闻风丧胆的金融危机，以及市场持续混沌不明的局势，尽管他自嘲"可能有些过早"，但他坚信，提前做好准备总比被市场变动打得措手不及要好。当2007年年底市场陷入疯狂，众人盲目追捧股票时，波顿的富达特殊情况基金却已悄然大量抛售股票，紧握现金，稳稳地抵御了这场席卷全球的金融风暴。

截至2007年年底波顿卸任之际，他所执掌的富达特殊情况基金创造了一个令人瞩目的业绩——累计回报率竟高达惊人的147倍！换句话说，倘若在1979年慧眼识珠，拿出10万英镑投资波顿的基金，那么到了2007年年底，将手握1470万英镑的巨额财富！这样的投资回报，无疑是一场金融奇迹。卸任后，波顿转而开始负责指导富达的年轻基金经理和分析师，帮助他们成长和进步。同时，他还负责监控富达的投资管理程序，确保其高效、规范地运行。

到了 2008 年年底，他观察到熊市已持续 14 个月，这一周期相较历史已属漫长，因此，他判断熊市即将触底。他解释说，市场通常的连锁反应是金融、消费、工业和商品，而随着多项救市措施的推出，金融和消费类股票有望率先迎来复苏。

第二节　转战中国

2009 年，本可安心享受退休生活的波顿，却做出了一个出人意料的决定——推迟退休，全力进军中国市场。他的理由是中国市场的投资机会实在太过诱人，让人无法抗拒。年底，波顿在一次公开发言中指出："中国的牛市才刚刚启动一年，我坚信它具备持续繁荣数年的巨大潜力。而我预测，明年全球大部分股市可能会经历震荡与调整。"正是基于这样的市场洞察，波顿在 2010 年 4 月毅然迁居中国香港，并于 4 月 19 日正式成立了富达中国特殊情况基金（Fidelity China Special Situations Fund），波顿试图将他在欧洲的辉煌在中国股市重现。

在全球经济增长放缓的大背景下，波顿认为中国的经济增速相对较高，这对全球的投资者来说是个不小的吸引力。那些有成长潜力的股票也可能会被估值得更高。他认为，他的投资策略会受益于中国的经济结构改革。他特别看好零售、电器、鞋类、珠宝等消费行业，还有酒类、餐饮、酒店、汽车、电信和互联网等受消费者拉动的行业。当然，金融、房地产代理和一些医药行业也是他关注的重点。

截至2010年6月30日，波顿的中国特殊情况基金股价为98.75便士/股，NAV（净值）为93.68便士/股，股价较NAV相对溢价5.41%，市值约为7亿美元。

考虑到同期中国A股市场下跌20%，该基金的业绩表现已经相当出色。然而，与波顿的预测相悖的是，这波"小牛市"过后，中国A股和港股并未表现出强劲态势，而弱于其他市场，如图8.2和图8.3所示。

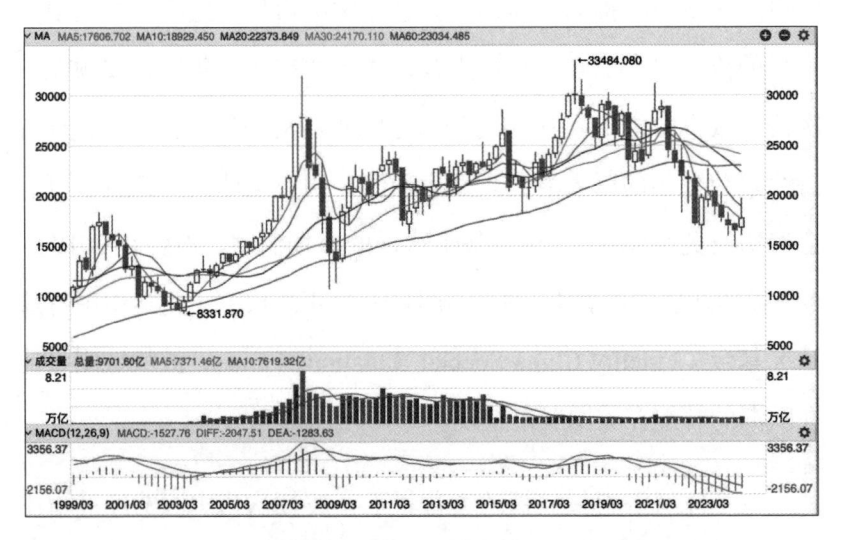

图8.2 中国香港恒生指数（1999年3月—2023年3月）

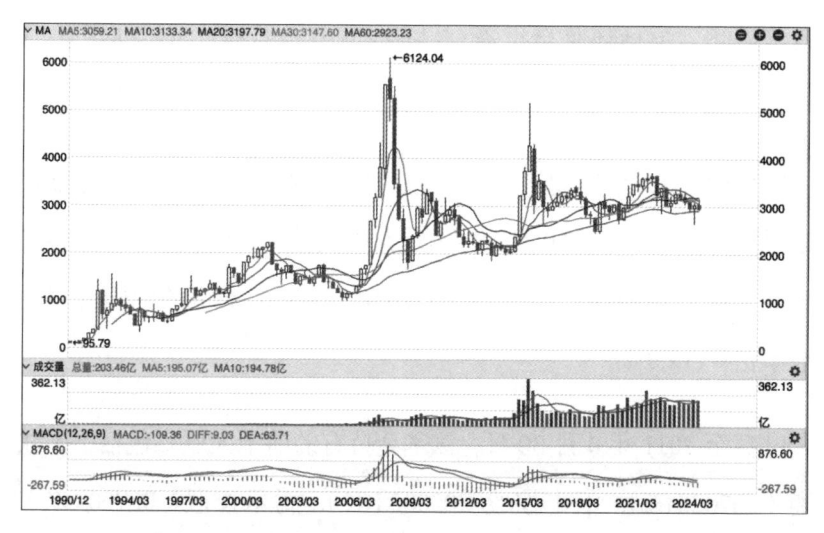

图 8.3　上证指数（1990 年 12 月—2024 年 3 月）

第一次投资中国的波顿使用了在英国投资中小企业的成功经验。他倾向于两种类型的企业：一种是具备在未来 10 年内实现大幅增长潜力的公司，这类公司的估值虽然普遍高于西方的同类公司，但溢价并不算过高；另一种是中小型公司，它们拥有合理的增长前景，且其估值普遍低于西方的同类公司。

波顿上任后，考察了 150 家中国企业。他得出结论：中国股市跟发达市场比起来还不够成熟。很多公司，特别是中小企业，还没被研究人员注意到。这让他有机会找到有潜力的股票。他还发现，中国企业的财务状况比他预期的要好，很多公司的现金流都很充足。

不过，他也注意到中国公司的管理和市场透明度需要改进，政策变化也可能带来风险。他告诉记者，虽然国有企业更容易受政策影响，但他还是会投资，只是他更喜欢投资中小企业和民营企业。

他通过 QFII 经纪买了一种特殊的票据（ELN），用这种方式来投资大陆的 A 股和 B 股，这些投资占了他整个基金的 12%。另外，他在中国香港股市的投资占了 66.5%，在美国上市的中国公司的股票占了 12.9%。

截至 2011 年 4 月 30 日，该基金持有的前十大股票包括中国联通（00762.HK）、汇丰控股（00005.HK）、腾讯控股（00700.HK）、招金矿业（01818.HK）、国美电器（00493.HK）、霸王国际（01338.HK）、华晨汽车（01114.HK）等。

其中，受到"二噁烷事件"的冲击，霸王国际 2010 年业绩由盈利转为亏损，其股价持续下滑，仅上半年就累计下跌了 47%，对波顿的基金净值造成了严重影响。

截至 2012 年 4 月 30 日，波顿管理的富达中国特殊情况基金自 2010 年 4 月成立以来已亏损了 15.7%，同期 MSCI 中国指数仅下跌 8%。这一成绩让波顿面临颇多质疑，英国"投资界一哥"折戟中国市场。

为了改善基金业绩，波顿决定延长其原定三年的任期。尽管该基金的表现当时已经超越了中国股市大盘，但其净值仍仅略高于发行价。

在 2014 年 3 月 31 日，波顿在离职前的最后一天举办的记者招待会上坦言："我必须承认，我最大的遗憾是对中国市场的初始判断出现了偏差。我原本预料中国股市会经历 4 年的上涨周期，然而实际上，市场却经历了超过 4 年的下跌。"愚人节这一天，波顿黯然宣布退休。

从波顿"晚节不保"的经历中深刻地认识到，评判一个企业的经营状况是极为复杂的事情。仅凭对本国市场的了解，并不能轻易洞悉其他国家企业的运营情况。每个国家独有的经济、文化和社会背景都为企业经营烙上了独特的印记。

因此，那些在本国屡试不爽的策略，在异国他乡可能就行不通了。跨国投资绝非简单地复制粘贴，而是需要深入探索、灵活应变的复杂工程。鉴于此，投资者或许应该将目光从光环笼罩的明星经理和他们的棘手企业上移开，转而关注由平凡团队稳健运营的优秀企业。毕竟，在投资的道路上，稳健远比光鲜更重要。

不过，令人讶异的是，波顿不仅是一位投资的高手，更隐藏着另一重令人惊喜的身份——一位古典音乐的作曲家！他所谱写的颂歌 *A Garland of Carols* 曾在圣保罗大教堂的宏伟空间内回荡，那优美的旋律仿佛至今仍在耳边萦绕。

此外，波顿在西萨塞克斯郡拥有一个温馨美满的家庭，三个孩子围绕膝下，欢声笑语不断。对于情绪极易受影响的投资世界，波顿深知家庭幸福是一份无可比拟的优势，是他稳健行走在投资巅峰的坚实后盾。

第三节　逆向投资：毕生投资经验总结

安东尼·波顿的成功关键在于，他具有想要从事艰难工作的能力与渴望，能够看到机会并迅速采取果断行动的能力，比身边大多数人拥有高瞻远瞩的想象力。

他的投资法则可概括为"逆向投资"，即在市场股价上涨时，避免过度看涨，估值合理时退出；而在市场下跌，普遍预期悲观的情况下，买入股票，获得更大的安全边际和均值回归的空间。

股票市场，每一个投资者都存在一种侥幸心理：认为自己不会是击鼓传花的最后一名；同时，当市场真正大幅下挫时，投资者又有一种"明天会上涨"的心态。这最终导致投资者的资金全部被套。

在投资界中，波顿偏爱那些具有持续竞争优势、商业模式简洁且对宏观环境变动不敏感的企业。这类公司，尤其是那些低资本消耗便能稳步成长的企业，总能吸引波顿的目光。

在深入研究前，波顿会先做足功课，细致分析股价走势、董事会交易记录、股东构成及内部交易等关键数据，以此洞察公司的真实状况。

与管理团队交流时，波顿着重了解财务动向、经营策略及业务进展，同时深入挖掘商业模式及其潜在风险。而管理层的诚信与实力，也是波顿投资决策中的重要考量。

审查公司时，波顿综合考虑特许经营权、管理层水平、财务状况、市场估值、并购可能性及技术面分析等多个维度。波顿深知，投资难免犯错，因此，构建均衡多样的投资组合至关重要。

波顿会定期评估并量化对投资组合的信心，采用稳健渐进的投资方式，并明确设定卖出时机。同时，波顿利用观察清单持续追踪潜力股，灵活应对市场波动，尤其在熊市中更需审慎调整策略。

在投资策略上，波顿偏好于发掘并买入被低估的股票，耐心等待市场重估其价值。波顿信奉逆向投资思维，寻找市场的盲点。同时，波顿重视技术分析的辅助决策作用，并综合运用多项估值指标全面评估企业价值。

简而言之，波顿的投资理念强调深度研究、精准评估与灵活策略，力求在变幻莫测的投资市场中捕捉并把握真正的价值机遇。

第四节　安东尼·波顿的经典语录与相关著作

一、安东尼·波顿的经典语录

1. 投资人的致命错误有两个，第一个错误是买在高点，第二个错误则是卖在低点。既然错了一次，就不该再错第二次。

2. 最重要的不是你自己知道什么，而是把你所知道的和其他人所知道的做比较。

3. 不随波逐流有时候会让你成为一个孤独的人，但事后你会发现，正是这样的反向操作给你带来了收益。

4. 尝试识别出当下被人忽视，却能在未来重新获得利益的股票。股市的眼光不够长远，因此，有时像下象棋一样，只要你比别人看得稍远一点儿就能取得优势。

5. 股市是一个绝佳的"贴现机制"。当经济转好时，股市通常会"超额"反映出基本面的利好；当股价下跌时，人们往往容易变得更加沮丧。

6. 逆向投资最容易犯的一个错误就是买入过早，要有耐心。

7. 当你觉得一项投资决定让你"心里非常舒服"的时候，你这个决定大概已经做晚了。

8. 做一个逆向投资者，当股价上涨时，避免过于看涨。当几乎所有人对前景都不乐观时，他们可能错了，前景会越来越好；当几乎没有人担忧时，就是该谨慎小心的时候了。

二、安东尼·波顿的相关著作

1.《安东尼·波顿的成功投资》，别名《逆向投资：毕生投资经验总结》(*Investing Against the Tide: Lessons from a Life Running Money*)

- 作者：[英]安东尼·波顿 (Anthony Bolton)

- 出版年份：2009 年

2.《安东尼·波顿教你选股》(*Investing with Anthony Bolton*)

- 作者：[英]安东尼·波顿 (Anthony Bolton)

- 出版年份：2008 年

第九章

中国的"巴菲特"

——段永平（1961年—）

— 人物卡片 —

姓　　　名：段永平
出生日期：1961年3月10日　　　国　　　籍：美籍华人
星　　　座：双鱼座　　　　　　　生　　　肖：牛
学　　　历：浙江大学无线电系学士、中国人民大学经济系计量经济学硕士
职　　　业：企业家、步步高集团董事长、投资家、H&H International Investment LLC实控人、慈善家
成就与贡献：段永平以创立"小霸王"和"步步高"两个知名品牌而闻名全国。通过精准的市场定位和优质的产品，段永平成功打造了多个深受消费者喜爱的品牌，为中国的电子工业发展作出了重要贡献。段永平不仅是一位杰出的企业家，还是一位优秀的管理者和企业操盘手。段永平的价值投资理念深受巴菲特影响，但同时具有自己独特的理解和实践。他强调长期主义，以10年为维度进行思考，注重公司的基本面和长期发展前景。他早期对网易的投资，以约200万美元的成本，在不到两年的时间里获得了超过100倍的回报。此外，他还重仓持有苹果、茅台等公司多年，获得了显著的长期收益。同时，他也多次向母校浙江大学和中国人民大学捐赠巨额资金，支持教育事业的发展。此外，他还积极参

与慈善事业，为"5·12"汶川地震灾区捐款等。

人物特点：段永平务实随性，无论是学习还是工作，他都既专注又谨慎，既不盲从潮流又善于发现自身优势。段永平始终认为应该遵守本分。何为本分？那就是做对的事，然后把事情做对。如果你不知道什么是对的事情，那就不要做不对的事情。这点儿像芒格的"避免愚蠢"。

第一节　青葱岁月

1961年3月，段永平出生在江西省吉安市泰和县的一个知识分子家庭，父母都是刚调入江西水利电力学院（现为南昌工程学院）的教师。在这样的环境下长大，段永平自然从小就受到了良好的教育，对读书学习充满了热情。

1966年5月7日，为响应"五七指示"，父母带着段永平主动申请去了井冈山到农村接受贫下中农再教育。那时，段永平还不满7岁，这段日子对他来说充满了挑战和困难。等他到了上学的年纪，高考停招、学习不受重视。

在井冈山，他们这一住便是6个春秋。在这段时光里，井冈山的生活如同一幅交织着苦与甜的画卷。苦，在于即便年岁尚幼，段永平也不得不肩挑生活的重担，与大人并肩在田间插秧、收割稻谷，汗水浸湿了衣裳；每日还需踏上崎岖山路，来回跋涉十几里砍柴，脚步虽沉，却磨砺了他的意志。甜，则藏在那些简单而纯粹的快乐之中。劳作之余，他与小伙伴嬉戏于清澈的河水中，捕鱼捉虾，笑声在河面上荡漾；或是捡起小石子，比赛谁能在水面激起更多的水花，那份纯真的愉悦，让段永平的童年充满了难忘的野趣与自由。

用段永平的话说："我们这一代算是最不幸的一代，但那段经历也有好处，因为上学就是干农活，所以我的身体一直比较结实，也能吃苦。"

1977年10月21日，《人民日报》头版头条发表文章《高等学校招生进行重大改革》，宣布正式恢复高考。那年，来自工厂、部队、农村的青年有570多万人参加考试，最终只有27.3万人被录取，录取率为5%，史上最低。正好高中毕业的段永平，第一次参加高考，各门成绩加起来才80多分，落榜是肯定的。

在那个年代，上大学是每位有志青年挣脱命运枷锁的唯一捷径，段永平恨不得用一切时间和努力去争取这张入场券。回忆那段时光，段永平说："人只有在做自己喜欢的事情时，才能激发自己最大的潜力，才能享受过程。"1978年第二次高考，他5门功课考了400多分，被浙江大学无线电系录取。当然，通过大学期间的学习，段永平的眼界格局不断扩大。

1982年，段永平本科毕业后被分配到当时亚洲最大的电子管厂——北京电子管厂，当了一名技术工程师，月工资46元。改革开放后，工厂效益大受冲击，1985年的年产量下降到160万支，只有巅峰期的百分之几，厂里连续11个月不能按时发放工资。

眼看着干下去没什么前景，而又身在风起云涌的20世纪80年代，不盲从的段永平考虑深远，选择继续进修经济学，想一探市场经济的奥秘。于是，他在1986年考取了中国人民大学计量经济学的硕士研究生。

临近研究生毕业之际，为了响应学校社会实践的号召，段永平踏入了生发剂（章光101）销售领域，亲身体验了一段职场生活。尽管这份经历并未带来丰厚的经济回报，它却如同一扇窗，让他窥见了商业世界的广阔与多彩，悄然点燃了他内心深处对创业的无限憧憬。自那以后，段永平的心中便种下了一颗梦想的种子——创立一家承载自己理念与愿景的公司。

昔日，中国人民大学与清华、北大并驾齐驱，其经济系汇聚了众多英才，众多毕业生纷纷投身国有企业及政府机关，成为这两大领域的中坚力量。而段永平却说："我这种人在北京成功的概率不会大，这里不太适合我。我想到思想开放、急需人才的南方去。"

于是毕业后，段永平看中了南方的发展潜力，毅然决然地买了一张南下的火车票，第一站就是广州。中国改革开放的浪潮中，最为炽热之地莫过于广东，它作为改革的先锋与摇篮，勇立潮头，引领着中国特色社会主义市场经济的蓬勃发展。彼时，一句广为流传的俗语"东南西北中，发财到广东"，生动描绘了广东在全国经济发展中的领先地位与无限商机，吸引了无数追梦者纷至沓来。

第二节　小霸王与步步高

段永平在广东的第一站是佛山市的无线电八厂，这家公司的老板野心很大，一年就新招了150多名本科生和50多名研究生，高学历人才比例比北京许多科研单位都高。众多人在踏入工厂大门后，不久便发觉个人潜能难以得到充分发挥，日复一日地抱怨声起，心中虽萌生去意，却往往徘徊在决断的边缘。

身处这样的环境之中，段永平敏锐地察觉到此处并非实现抱负的理想之地，于是他毅然决然地选择了抽身而出。这一行动，他后来将其提炼为一种深刻的人生态度——"一旦发现方向有误，即刻止损"，并据此创立了"Stop Doing List"（停办事项清单）的概念。这一理念强调，在意识到决策或行动偏离正轨时，应立即采取行动予以纠正，因为此刻的调整成本往往是最低的。

1989年，在同学的介绍下，段永平又辗转到离佛山市80多公里外的中山市，应聘进了中山市怡华集团旗下的日华电子电器设备厂。当时中山市怡华集团是集旅游、贸易、工业、文化于一体的一个大型企业集团，实力名列中山市第三位。

由于段永平既懂技术又懂经济，加上教育和工作背景也都好，怡华集团总经理陈健仁非常欣赏他，就任命他为怡华集团属下的一间小厂——日华电子厂的厂长。其实陈健仁这时候实属无奈，想着"死马当活马医"。

由于当时的日华电子厂生产落伍的大型电子游戏机，1988年亏损200多万元，处于倒闭的边缘，厂里只有十几名员工，账上也只剩3000多元资金。但对于段永平来说，这既是危机也是机遇。

对于一般人来说，这种临危受命都是拒之门外。但自信的段永平却欣然应允："这不正是我的机会嘛！"那一年（1989年），他刚满28岁。一上任，段永平就进行管理改革，他明确要大家遵守公司的规章制度，如有违反直接开除，丝毫不留任何情面；他崇尚按劳分配、按功分配，力主把奖金向一线工人倾斜；他也主张"能者上、平者降、庸者下"的晋升淘汰机制。当然，段永平心里更清楚，要想树立权威，严格落实制度只是一方面，更重要的是要带领大家一起打胜仗、赚到钱。

经过严谨的市场分析，段永平认为大型电子游戏机将被消费者淘汰，而小型游戏机则前景广阔。哪怕是在还不富裕的国家，玩游戏也是一项生活需求，是人性需求。之后，段永平投资网易也源自这时建立地对游戏的理解。因此，段永平决定转型生产家用电子游戏机，用自己在大学所学到的专业知识，带领研发团队花了2个月时间仿制出了价格仅为市场价格1/4的电子游戏机，自创品牌并取名为"小霸王"。

1991年，日华电子厂也改名为小霸王电子工业公司，段永平以超强的效率成功完成了产品研发、品质严格把控、构建卓越的售后服务体系、拓展高效的经销渠道及策划并实施了一系列引人注目的广告宣传项目。例如，1991年6月，小霸王的第一则广告在中央电视台亮相，这是同类产品中第一个在中央电视台打广告的产品。1992 年，小霸王广告费 200 万元，销售额达到 1 亿元，净利润超过 800 万元。段永平全方位推动了企业的稳健发展。

1993 年，中国游戏机市场渐趋饱和之际，一股电脑热潮悄然兴起，然而高昂的价格如同一道门槛，让众多中国消费者望而却步。再加上虽然小霸王在游戏机领域已经一骑绝尘，但段永平隐隐有一股危机感。他心里清楚地知道，游戏机终究只是个消遣品，中国家长都是望子成龙，不愿看到自己的孩子玩物丧志。

正是在这样的情况下，段永平展现出了前瞻性的眼光与魄力，他斥资 20 万元，引进了王永民教授的革命性汉字输入法——"五笔字型"。随后，他巧妙地将这一创新技术与小霸王游戏机相结合，匠心独运地打造出一套集娱乐与学习于一体的电脑学习系统。这一创举不仅打破了传统界限，更孕育出了一种全新的产品形态——学习机，即第一代小霸王电脑学习机，它精准地捕捉并满足了当时社会对于寓教于乐、经济实惠的学习工具的迫切需求，迅速赢得了市场的热烈反响。

现代管理学之父德鲁克曾经说过："对于企业经营而言，无非就是两件事，创新和营销。"因此，当创造出新的产品时，最重要的就是营销。段永平营销有方，为小霸王学习机打造"欢乐拍手谣"广告，并邀请成龙代言，以"望子成龙小霸王"触动人心。1995 年，小霸王年收入超 8 亿元，段永平 34 岁即获评"广东省十大杰出青年企业家"。

就在小霸王发展如日中天时，出人意料的是，1995年8月28日，段永平突然提出离职。背后原因主要还是利益之争和理念冲突。段永平希望企业能够通过"混改"不断发展壮大，直至把"小霸王"办成中国的"松下"，可这与怡华集团的利益冲突。

为感谢段永平的付出，怡华集团精心筹备了一场温馨而庄重的欢送酒会，特别赠予段永平一辆奔驰座驾作为纪念。集团总经理陈健仁亲自担纲主持，现场氛围既感人又充满敬意，众多与会者深受触动，泪光闪烁，而段永平更是在这份深情中难得地醉意朦胧。此外，段永平与怡华集团达成了一项意义深远的口头约定：在接下来的一年内，双方将避免在同行业内的直接竞争，展现了双方的高尚风范与长远视野。

随后，段永平跨越中山市界，于东莞这片沃土上创立了步步高，开启了新的征程。与他并肩踏上这段旅程的有陈明永、沈炜、金志江等一众英才，他们后来各自在业界大放异彩，成为令人瞩目的领军人物。

凭借对市场趋势的敏锐洞察，段永平在复读机、电话机、VCD及学习机等多个领域，均引领风骚，成功摘得中国市场的桂冠。步步高的成就很大程度上归功于其独树一帜的营销策略，段永平本人更是广告运作的大师级人物。

面对在小霸王时期股权分配的挑战，段永平在创立步步高时采取了更加开放和前瞻的股权策略。他鼓励所有中层管理人员入股,对于经济条件有限的员工,他甚至慷慨解囊,提供借款支持他们购买公司股份。这一举措不仅增强了团队的凝聚力和归属感,也让员工成为公司真正的主人。随着时间的推移,段永平主动稀释了自己的股份,从最初的70%多减少到仅保留17%,将大部分财富分享给了跟随他一同奋斗的伙伴。

这一做法不仅体现了段永平作为企业家的远见卓识与人性化管理理念,也深刻影响了后来者。以拼多多创始人黄峥为例,作为段永平的门徒,他在企业经营中同样展现出了类似的智慧与胸怀,无论是选择在40岁事业巅峰期隐退,还是慷慨分股给员工,都可见段永平的"影子"。

出于对家庭深沉的承诺及对人生新阶段的向往,2001年,正值事业如日中天之际,40岁的段永平做出了一个令人钦佩的决定——急流勇退,并选择在美国开启全新的生活篇章。可见,段永平并不是一个对金钱和权力痴迷的企业家。在告别商界舞台前,他以其独到的眼光和深厚的责任感,亲手孕育了OPPO与vivo两大品牌,并将它们分别托付给了得力干将陈明永与沈炜。

1999年,新婚的段永平其实就开始为退出步步高的管理未雨绸缪。在传承与布局的同时,段永平再次展现了他以人为本的管理理念,坚持推行全员持股计划,将企业发展的果实慷慨地分享给每一位贡献者。步步高集团分成三家公司,股权独立,互不从属。在OPPO与vivo的股权结构中,段永平仅保留了极少的份额——OPPO中不足一成,vivo亦不超过两成,这种近乎无私的财富分配方式，不仅极大地激发了团队的积极性与忠诚度，也为中国企业界树立了一个关于信任与共享的典范。

离开中国之时，他对三位负责人洒脱地说："这个事情交给你们干，你们就好好干。如果做不好，你们就干好一件事，就是把这个企业好好地关掉。不要指望我再做什么，因为这是你们的事情了。"

第三节　从成功企业家到中国的"巴菲特"

退隐江湖后，段永平在美国加州的阳光海岸边，过上了如诗如画的隐居生活，宛若陶渊明笔下的"采菊东篱下，悠然见南山"，尽享家庭温馨与自然宁静。当然，没有了繁忙的工作，段永平也就更可以闲下来思考与读书。

有一次，在逛书店的过程中，段永平看到一本巴菲特谈投资的书，里面说"买一家公司的股票就等于在买这家公司"以及"投资你看得懂的、被市场低估的公司"，这些话让段永平瞬间顿悟。段永平说："人们做一件事往往需要别人的肯定"。有了巴菲特的"肯定"，段永平开始对投资产生了兴趣。这又是英雄识英雄的一段佳话，他在深入研读《巴菲特致股东的信》后，被其深邃的价值投资理念深深吸引，从此段永平成为这一理念的坚定"信徒"与践行者。

投资网易是段永平在投资领域的成名战。网易由丁磊于1997年创立，于2000年在纳斯达克上市，成为中国赴美上市先锋。但随后遭遇互联网泡沫破裂、SEC财报造假质疑及主营业务持续亏损三重打击，市值暴跌九成，股价跌至谷底，股价从上市时的15.5美元/股跌到仅有0.64美元/股，甚至一度被纳斯达克暂停交易。

濒临崩溃时，丁磊找到段永平诉苦，他说网易要集中兵力进军网络游戏，段永平做游戏出身，知道市场广阔，明白其投资价值，刚好又利用他刚学到的投资知识，于是就在其股价1美元/股时一举投入200万美元。后来网易凭借《大话西游2》逆风翻盘，股价在2003年10月涨到了70美元/股，段永平也一举获得近2亿美元的账面回报，网易股价波动图如图9.1所示。经此一战，段永平被称为中国的"巴菲特"。不过段永平最终还是陆续减持了网易的股票，明面的理由是"丁磊是个大孩子，把那么多钱放在他手里，我不太放心"。

段永平曾说："投资最重要的是投在你真正懂的东西上。这句话的潜台词是投在你真正认为会赚钱的地方（公司）……比如我们能在网易上赚到100多倍是因为我在做小霸王时就有了很多对游戏的理解，这种理解学校是不会教的，书上也没有，财报里也看不出来。我也曾试图告诉别人我的理解，结果发现好难。"

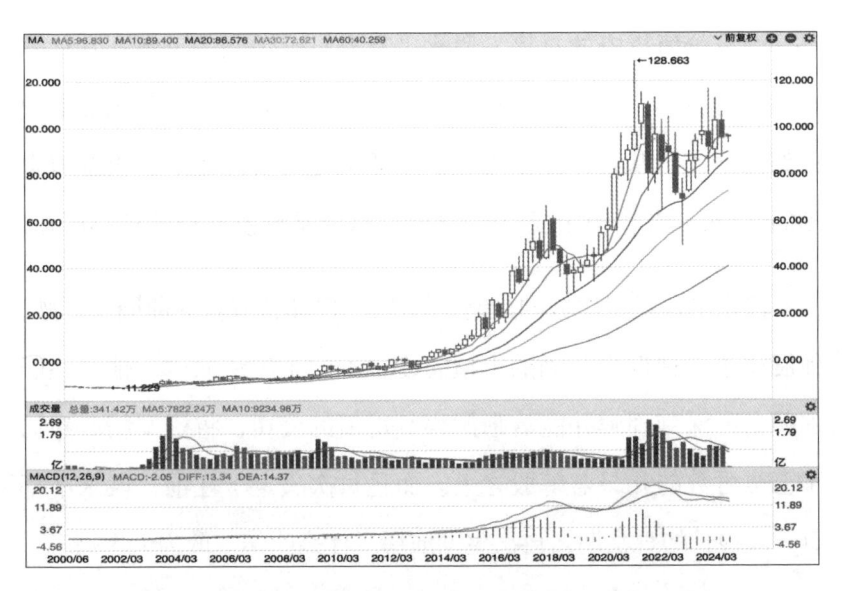

图9.1　网易股价波动图（2000年6月—2024年3月）

2006年，段永平以62万美元成功竞得与巴菲特共进慈善午餐的机会，成为首位获此殊荣的华人。这一举动，不仅彰显了他对价值投资理念的极致追求，也让他在投资界的声望达到了新的高度。这顿午餐，他还带上了他的小兄弟——26岁的黄峥（拼多多创始人）。该消息一公布，社会各界议论纷纷：斥巨资只为共进一餐，其价值何在？

面对疑问，段永平在《中国企业家杂志》的专访中坦然回应道："其实，我并没有把这顿午餐当成生意，就是想给他老人家捧个场，告诉世人，他的东西确实有价值。其实巴菲特说的很多东西都是我知道的，为什么还要花这么多钱去跟他聊天？这件事情就像很多人每个礼拜都会去教堂，很多东西他们早就知道，为什么还要去呢？这里面有些东西值得去琢磨。"

第九章　中国的"巴菲特"　247

谈及价值投资的真谛，段永平有着自己独到的见解。在他看来，投资股票，实质上是在投资一家企业的未来。优秀的商业模式如同坚实的基石，辅以可靠的企业文化与管理团队，再配以合理的估值，三者相辅相成，缺一不可。这便是价值投资的核心所在。

段永平在投资领域的策略，与沃伦·巴菲特有着异曲同工之妙，他展现了一种近乎苛刻的审慎态度。不同于广泛撒网，他专注于那些自己深刻理解并能清晰洞察其价值的公司，将资本精心布局于寥寥可数的几只蓝筹股之上。而且每次决定下注前，段永平都有一段很长的观察期，再次生动演绎了什么叫作"敢为天下后"。

多年来，除了深耕步步高系企业的构建与发展外，段永平的目光始终聚焦于苹果、茅台与腾讯这三大巨头，展现了他独到的眼光与坚定的信念。在每一次投资决策的前夕，他都不急于行动，而是选择耐心等待，历经长时间的细致观察与分析，这一行为深刻诠释了"智者后行，稳中求胜"的投资哲学。

回溯至2002年前后，段永平的目光虽已触及苹果公司，却因彼时个人视角的差异而未立即采取行动。后来，他深受《基业长青》一书的启发，倾向于将企业家区分为"瞬间闪耀的报时者"与"恒久传响的造钟匠"。在他看来，乔布斯虽能捕捉时代脉搏，推出革新之作，却似乎难以摆脱"报时者"的局限，担心其企业终将随其个人光芒淡去而黯淡。理想的投资对象，应是能铸就企业机制，即便领袖更迭、产品迭代，企业亦能生生不息地"造钟匠"。

然而，时光流转，9年后的深刻反思让段永平豁然开朗——

乔布斯实为罕见之例，他不仅精准"报时"，更是一位卓越的"造钟匠"，为苹果构建了坚韧不拔的企业基因。而库克的接任，更是以理性稳健著称，进一步巩固了苹果持续繁荣的基石。基于此洞察，段永平于 2011 年年初果断出手，以 47 美元／股的价格拥抱苹果，此后非但未离场，反而在每次市场波动中坚定增持，展现了非凡的耐心与决心。

除了自己投资，段永平还鼓励当时 OPPO 和 vivo 的员工也一起买入苹果。他笑称："我们的员工太幸福了，同时能赚两份钱。一份是跟随苹果做智能手机赚的钱，另一份是苹果股票大涨带来的收益。"时至今日，苹果股价已扶摇直上至 221 美元／股（图 9.2），段永平的投资不仅收获了丰厚的财务回报，更验证了他对"造钟匠"企业家精神深刻的理解及前瞻性眼光。

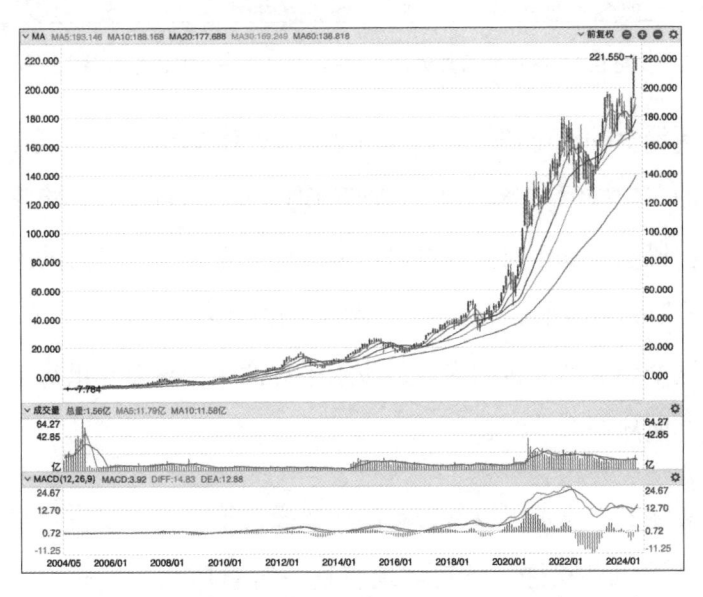

图 9.2　苹果股价波动图（2004 年 5 月—2024 年 1 月）

2010年，段永平开始关注腾讯，"马化腾人不错，而且年轻，微信及微信支付的影响非常大且深远"。但一直没有入手，直到2018年，当时游戏行业跌入低谷，腾讯股价受到波及（图9.3），他才买入一些。因为此时他自认为更懂苹果。

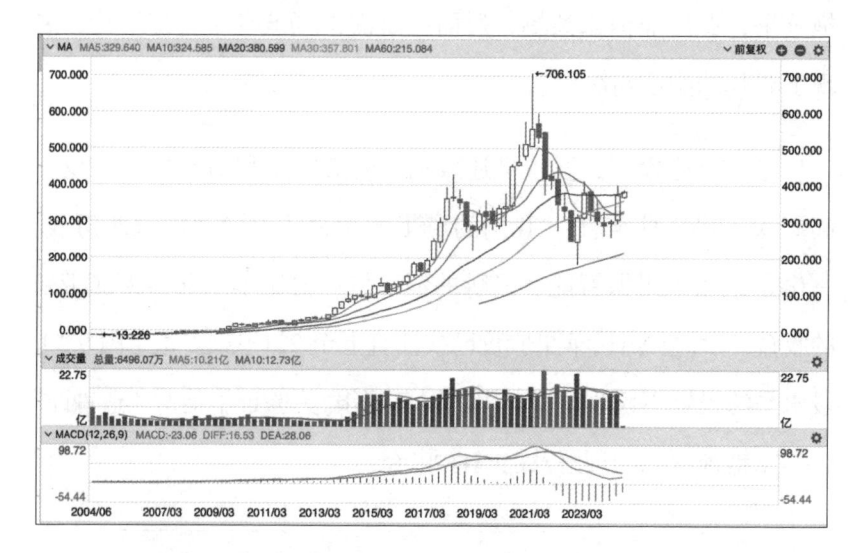

图9.3 腾讯股价波动图（2004年6月—2023年3月）

历经10年的洞察，至2020年，段永平对腾讯的核心竞争力（即构建的"护城河"）有了更为透彻的理解：通过社交媒体将流量货币化。段永平基于对其稳健且可持续的现金流增长潜力的深刻信心，毅然将腾讯纳入"不卖品"。然而，国内互联网进入新的变革期，反对这个观点的人也很多。但段永平近两年，只要腾讯每次股价大跌，他都会大举抄底。

实际上，段永平以其独到的逆势投资策略，不仅成功驾驭了网易与腾讯的机遇，还巧妙地将这一智慧应用于新东方。2021

年年末，当新东方股价深陷寒冬（图9.4），市场普遍看衰之际，段永平在雪球平台上发表了一篇力挺之文，表达了对俞敏洪坚韧不拔的精神的坚定信念，并宣布将以实际行动"象征性"地支持。

图9.4　新东方股价波动图（2006年9月—2023年1月）

进入2022年年中，新东方凭借直播带货这一创新模式华丽转身，不仅重塑了企业形象，更引领了教育行业的转型风潮，其股价也随之扶摇直上，实现了惊人的反弹。段永平在新东方上再一次展现了他的睿智。

尽管在多个投资项目中斩获颇丰，段永平的谨慎风格也不免让他在波澜壮阔的市场中擦肩而过，错失了一些潜在的机遇。

回溯至 2013 年，电动汽车领域的明星企业特斯拉便已进入了段永平的视野。然而，与众多投资者对特斯拉的狂热追捧形成鲜明对比的是，段永平选择了保持观望。这一决策背后，是他对特斯拉生意模式持续亏损、企业文化质疑及产品成熟度不足的三重考量。时至今日，特斯拉股价的飙升无疑令人瞩目，也让段永平此番错过的机会显得尤为引人遐想。

相似的一幕在 2020 年再度上演，只不过这次的主角换成了视频会议领域的黑马——Zoom。在那段特殊时期，Zoom 凭借其便捷高效的功能迅速崛起，股价一度飙升至令人咋舌的 400 美元/股高位。而段永平，早在 Zoom 股价尚未触及 100 美元/股大关时，便已对其投以关注的目光。然而，经过深思熟虑，他最终并未迈出投资的那一步。

多年以来，段永平的投资收获颇多，有人问他的投资秘诀，他总说："我所用的方法，巴菲特早已经说过。"接着他总会补充："我的逻辑就是巴菲特的逻辑，原则上没有什么差异。差异是他熟悉的行业不等于是我熟悉的行业，所以他投的股票不等于是我要投的。去年他投了一家公司，我看了半天都没有看懂，果然，他投了以后，那只股票可能涨了 50%、60%。人家问我是否着急，我说不着急。为什么？因为这不是我能赚到的钱。"可见段永平在投资道路上，既勇于追求机遇，又敢于放弃不确定性。

在投资的路上，段永平恪守自己的"本分"，秉承"敢为天下后"的人生理念，忠诚地延续并发展了巴菲特的投资精髓：买股票就是买优质公司；精心构建并恪守自己的能力圈；秉持绝对集中的原则，辅以长期持有的耐心。他深信，唯有坚定的信念方能引领洞察未来的曙光。

20年以来，市场风云变幻，但段永平始终能以超然姿态从容面对每一次挑战。因为他深谙，洞悉一门生意的内在逻辑与价值，往往需要时间和经验的累积。段永平曾说："每个人都有一颗投机的心，所以才需要信仰。我对信仰的理解就是'做对的事情'，或者说知道是'不对的事情'就别做了。"

因此，他告诫自己及他人，切勿被一时兴起的新概念所诱惑，盲目涉足未知领域，否则终将自食其果。诚然，人生在世，犯错在所难免，但段永平坚信，只要坚守自己的能力边界，保持专注与努力，便能大幅降低犯错的风险。

截至2023年年末，段永平的投资组合总市值高达144亿美元，其中苹果、伯克希尔·哈撒韦及谷歌等蓝筹股赫然在列，尤其是苹果股票的持仓占比接近八成，彰显了他对科技巨头的深厚信心与精准布局。尽管无法直接确认该账户是否由段永平先生本人直接操控，但多方信息交织，其真实性已不言自明。

当前，美股市场正沐浴在一场科技大牛市中，以"美股七雄"——英伟达、微软、苹果、Alphabet（谷歌母公司）、亚马逊、Meta及特斯拉为代表的科技巨头，犹如7颗璀璨星辰，引领着整个美股市场的强劲上涨，其总市值之巨，甚至超越了整个A股市场，展现出了前所未有的景象。相比之下，国内A股市场略显疲软。

段永平以其独到的眼光和稳健的操作，在美股市场收获颇丰，成为中国的"巴菲特"。在雪球投资交流平台上，段永平拥有超过85万的粉丝，以其独特的ID活跃其间，不仅频繁分享投资心得，还与广大网友亲密互动，成了名副其实的"雪球达人"。

此外，段永平积极回馈社会，通过Inlight Foundation和心平公益基金会支持全球及中国教育事业。他曾向母校浙江大学捐赠3000万美元，丁磊先生也捐赠1000万美元，共同创下内地高校单笔捐赠纪录。此外，他和夫人一同还向中国人民大学捐赠3000万美元。10年来，段永平对两所母校的捐赠总额达4.7亿元，成为中国高校最慷慨的校友之一。

但段永平却对这些名头不屑一顾，在接受《亚洲周刊》采访时他就提到："没觉得做慈善有什么了不起的，就是想解决自己的问题。要说有什么伟大的贡献、榜样，那纯属胡扯，我从来没想过要给谁做榜样。"

第四节　段永平的经典语录与相关著作

一、段永平的经典语录

1. 买股票就是买公司，买公司就是买公司的未来现金流折现。

2. 公司未来现金流的折现就是公司的内在价值，买股票应该在股价低于内在价值时买，至于是低40%还是50%，完全由投资人自己的机会成本决定。

3. 未来现金流的折现不是算法，是思维方式，不要企图拿计算器算出来。

4. 要弄明白所投股票的价值所在，如果不清楚这只股票的价值是多少，你就不能碰。看懂生意比较难，看不懂的拿住比较难，大部分人拿不住，是因为看不懂，如果你不知道自己买的是什么的话，跟"高手"是跟不住的。

5. 商业模式就是公司赚钱的模式，有很多公司几乎可以看到，10年后日子会不好过，这就叫商业模式，好的商业模式是有"护城河"的，看懂"护城河"对投资很重要，但"护城河"不是一成不变的，企业文化对建立和维护"护城河"有不可或缺的作用。

6. 能长期维持的差异化是"护城河"。差异化指的是产品能满足用户的，但别人满足不了的需求，没有差异化的商业模式，基本不是好的商业模式，投资尽量避开产品很难长期做出差异化的公司，比如航空、太阳能组件公司。

7. 懂了一家公司的最简单的标准就是：你不会想去问别人"我是不是看懂了这家公司"。

8. 当你还有疑惑时，就表示你还不懂或者懂得不够，没看懂的公司就是，一跌下来就想卖，涨一点点也想卖，买了怕价格跌下来的投资，最好离得远远的，如果你买啥都怕跌下来，就远离股市。

9. 当你买一只股票时，你一定是在买这家公司，你可能拿在手里 10 年、20 年，有这种想法后，就容易判断很多情形，看三五年是比看 10 年难的，基本上可以说，看得越短越难。

10. 如果你觉得看 10 年比看三年难，那么一定会觉得看三天比看三年容易，很多人是三天、两天、一天那么看的，结果显然不好的吧？我们在 2012 年开始买茅台时，是不知道三年内茅台会怎么样的，但我可以大概率肯定，茅台 10 年后会不错，现在还不到 10 年，效果就已经不错了。知道什么会发生，比知道什么时候会发生要容易得多。

11. 做对的事情，实际上是通过不做不对的事情来实现的，因此要有"停办事项清单"，一旦发现是不正确的事情，要马上停止，不管多大的代价，往往都会是最小的代价。发现买错了股票应该赶紧离开，不然越到后面损失越大，但大部分人往往会希望等到回本再说。

12. 要守正不出奇，不整天想着出奇，犯错机会会下降，如果你赚的是本分钱，你会睡得好，身体会活得长，最后还是会赚很多钱，本分就是做对的事情和把事情做对，不本分的事不做。

13. 本分的力量是很厉害的，倒过来想，不本分的话，可以查查过去 30 年破产的公司都是什么原因。

二、段永平的相关著作

1. 《大道无形：段永平的 49 个投资金句》

- 作者：刘若愚

- 出版时间：2024 年

2. 《段永平：步步为"赢"》

    - 作者：许洪焱、杨金利

    - 出版时间：2023 年

3. 《段永平传：从白手起家的商业教父到屡创奇迹的投资大师》

    - 作者：孙力科

    - 出版时间：2023 年

4. 《段永平传：敢为天下后》

    - 作者：王桂娟

    - 出版时间：2020 年